Das Sirup-Kochbuch

Fruchtsirup, Blütensirup, Kräutersirup, Hustensirup und Kräuter-Honig
160 Rezepte für jede Jahreszeit
2., stark erweiterte Auflage

ELISABETH ENGLER

Das
Sirup - Kochbuch

Fruchtsirup, Blütensirup, Kräutersirup, Hustensirup und Kräuter - Honig

160 Rezepte für jede Jahreszeit

2., stark erweiterte Auflage

Die Deutsche Bibliothek – CIP-Einheitsaufnahme
Engler, Elisabeth
Das Sirup - Kochbuch
Fruchtsirup, Blütensirup, Kräutersirup, Hustensirup und Kräuter-Honig
160 Rezepte für jede Jahreszeit
Elisabeth Engler – 2., stark erweiterte Aufl. – Kranzberg: Compbook, 2009

Ein Titeldatensatz für diese Publikation ist bei der
Deutschen Bibliothek erhältlich.

Text- und Umschlaggestaltung: Elisabeth Engler

Herausgeber:
Compbook Verlag
Karl-Heinz Engler
Kirchbergstr. 17
85402 Kranzberg
www.Compbook.de
compbook@gmx.de

Herstellung: Books on Demand GmbH, Norderstedt

ISBN 3-934473-00-8

Hinweis:
Alle in diesem Buch gemachten Angaben, Ergebnisse, Rezepturen, Anwendungshinweise wurden von der Autorin nach bestem Wissen erstellt und mit größtmöglicher Sorgfalt geprüft. Eine Haftung oder Garantie für mögliche Folgen oder inhaltliche Unrichtigkeit kann jedoch nicht übernommen werden. Jegliche Haftung wird ausgeschlossen.
Selbst behandelt werden sollten grundsätzlich nur leichtere Gesundheitsstörungen, die innerhalb von wenigen Tagen wieder verschwunden sind und keine ärztliche Behandlung erfordern. Den Arztbesuch kann dieses Buch bzw. die Anwendung der darin beschriebenen Rezepturen nicht ersetzen.
Bitte halten Sie Kräuter und jeglichen Alkohol von Kindern fern!

Inhaltsverzeichnis

Vorwort

Warum Sirup selbst herstellen ?

Bei mir hat es so angefangen:
Als Kind liebte ich einen damals käuflich erhältlichen Sirup einer großen Getränkefirma (vorzugsweise Geschmack Mandarine, mmmhh!) und war furchtbar enttäuscht, als das Produkt dann irgendwann vom Markt genommen wurde. Der heute wieder unter dem gleichen Namen angebotene Artikel ist – meiner Meinung nach – ganz anders, gar nicht zu vergleichen!
Nun muss ich erwähnen, dass ich nicht nur experimentier- und sammelfreudig (wenn nicht sogar „– wütig") bin, sondern mich schon als Teenager viel mit dem Thema Kräuter, Naturkosmetik, Tees, Salben usw. beschäftigte. Soweit ich weiß, ein Erbe meiner Großmutter aus Freising.
Als ich dann eigene Kinder bekam, wurde das Thema Getränke natürlich wieder relevant, denn außer hohen Kosten ist schließlich noch die anstrengende Nachschubfrage zu erledigen (wir wohnten damals im 2. Stock).

Im Urlaub kamen wir dann darauf, dass in anderen europäischen Ländern immer noch vergleichsweise viele Siruparten angeboten werden. So fuhren wir also mehrmals pro Jahr einfach 450 km nach Frankreich und kauften das Auto voll Sirup. Das hat allerdings immer ein tiefes Loch in die Haushaltskasse gerissen und war sehr anstrengend (wir fuhren immer an einem Tag hin und wieder zurück). Und die Franzosen im Supermarkt erklärten uns sicher für verrückt.

Leider mussten wir dann feststellen, dass sich auch hier die Qualität eher verringerte im Laufe der Zeit. So kam ich wieder einmal darauf, Sirup selbst herzustellen. Aber wie? Dabei merkte ich sehr schnell, dass es kaum Rezepte gab.
So sammelte ich aus alten Koch- und Kräuterbüchern und machte meine eigenen Erfahrungen. Bei meinen Recherchen stieß ich dabei auf einige alte interessante Rezepte aus der Naturheilkunde z.B. für Hustensirup, die ich hier gleich mitverarbeitete. Das reizte mich sehr und ich wütete weiter, das Ergebnis – zusammengefasst und überarbeitet – liegt Ihnen hier vor.
Dabei koche und experimentiere ich natürlich immer noch weiter ... mein Mann und meine Kinder (hallo Nadine und Janosch!) müssen als Versuchskarnickelchen herhalten. Bisher haben sie es überlebt ...

Wer seinen Gästen und Freunden (den Großen und den Kleinen!) so einen selbstgemachten Sirup kredenzt, wird sicher schnell feststellen dass er dies mit Stolz und Freude macht und auch viel Anerkennung finden wird.

Mit dem zweiten Anlauf steigt dann die Experimentierfreudigkeit und man beginnt, seine eigenen Kompositionen zu kreieren. Diese Entdeckerphase macht besonders Spaß, auch wenn es mal nicht ganz so gut gelingt. Im Zweifelsfalle halt nur wenig kochen zu Beginn, dann weiß man genau ob es auch mundet.

Nun wünsche ich allen kochbegeisterten Naturfreunden viel Freude mit den hier abgedruckten Natur – Alchemie - Rezepten und natürlich auch Gutes Gelingen!

Senden Sie Anregungen, Verbesserungen, Erfahrungsberichte oder neue Rezepte gerne an mich per mail an arjane@gmx.de oder direkt an den Verlag compbook@gmx.de, ich freue ich mich darüber!

Röhrmoos, im November 2004

Elisabeth Engler

Vorwort zur 2. Auflage

An all die Leser, die sich mit meinem Erstlingswerk, dem Sirup – Kochbuch beschäftigt haben, herzlichen Dank! Heute, einige Titel weiter, habe ich mir nun die Zeit genommen, das „alte" Manuskript zu überarbeiten, Schreibfehler zu korrigieren, das Layout etwas zu verbessern und vor allem die Rezepte zu ergänzen und manche auch zu verändern.
Sie ist nun zwischen diesem Sirup – Kochbuch und dem „Neuen Sirup – Kochbuch" ein Unterschied von rund 100 Rezepten entstanden!

Danke auch an all diejenigen, die ihre Anregungen per e-mail an mich sandten und sowohl Lob (sehr viel, erfreulicherweise), wie auch Kritik (wesentlich weniger) verteilten. Diese versuche ich ebenfalls zu berücksichtigen.

So wünsche ich allen weiterhin viel Spaß und Erfolg beim Sirupkochen!

Kranzberg, im Sommer 2009

Elisabeth Engler

Teil I

Allgemeines

Verwendung von Sirup

In diesem Buch möchte ich verschiedene Siruparten und – sorten vorstellen, die meistens gar nicht käuflich zu erwerben sind oder zumindest recht teuer:

- Erfrischender **Trinksirup** aus Beeren, Früchten, Blüten, aber auch Kräutern und Gewürzen:
  wird verwendet als köstlicher Durstlöscher in der Verdünnung mit Wasser, Mineralwasser, manchmal auch Milch, aber auch zur Zubereitung von Cocktails, Desserts und Backwaren

- **Kräutersirup** aus Zucker und Heilkräutern:
  wird verwendet als „natürliche Medizin“, und sollte auch dementsprechend behandelt werden.
  Das bedeutet:
  - nicht über längere Zeit oder im Dauergebrauch
  - nicht unkontrolliert
  - nicht in größeren Mengen
  - nicht verdorbene, schimmelige oder stechend säuerlich riechende Sirupe mehr einnehmen.

  Bei anhaltenden gesundheitlichen Problemen bitte den Arzt konsultieren.
  Kräutersirupe, die Alkohol enthalten, sollten Kindern lieber nicht gegeben werden bitte.

- **Kräuterhonig** aus Honig und Heilkräutern:
  wird verwendet wie die Kräutersirupe auf Zuckerbasis. Je besser der dabei verwendete Honig (möglichst kaltgeschleuderter Wald- oder Tannenhonig), desto wirkungsvoller wird auch die erhaltene Naturmedizin.

Die **Vorteile** liegen auf der Hand:
- Sirup ist preisgünstig
- Sirup ist lange haltbar
- Sirup ist sehr ergiebig – unbeliebtes Kisten schleppen entfällt
- Sirup schmeckt der ganzen Familie und wird den Vorlieben entsprechend gekocht
- Sirup kochen macht Spaß und
- selbstgekochter Sirup enthält nur, was Sie selbst hineingeben!

Zu beachten ist natürlich, dass durch den Zuckergehalt Diabetikern, wie alle anderen zuckerhaltigen Getränke auch Zuckersirup verboten ist. Bitte niemals Sirup Babys und Kleinkindern in das Trinkfläschchen geben, da ist ungesüßter Tee zahnschonender und macht nicht dick.

Ich habe übrigens bei meinen eigenen Kindern, die schon seit Jahren Sirup trinken, festgestellt, dass sie sich ihr Getränk zwar anfangs meist recht süß gemischt hatten, aber im Laufe der Zeit die Konzentration immer mehr reduzierten, so dass manchmal mehr Farbe als Geschmack in ihrem Getränk war – was mir dann selbst wieder zu wenig ist!

Die Rezepte hierzu stammen zu einem guten Teil aus meinem eigenen Erfahrungsschatz, zum Teil auch aus alten Kräuterbüchern (überarbeitet von mir allerdings). Kräutersirup ist vor allem bei Kindern, älteren und auf Alkohol empfindlichen Menschen zu empfehlen und meist sehr leicht herzustellen. Sind Ihnen die Kräuter nicht bekannt, empfiehlt es sich, diese in der Apotheke zu erwerben, dort erhalten Sie Pflanzen, die bereits fix und fertig gesammelt und getrocknet sind und auch den Gesetzen entsprechend überprüft wurden auf ihren Gehalt an ätherischen Ölen und Schadstoffen. Daher sind diese den im Supermarkt erhältlichen für unsere Zwecke vorzuziehen, wenn Sie den größtmöglichen Nutzen aus Ihrem Sirup erhalten wollen. Die Angaben in meinen Rezepten beziehen sich meist auf die frischen Drogen, daher verringert sich die Menge, wenn Sie getrocknete Kräuter verwenden (bitte im Zweifelsfalle dann gleich in der Apotheke nachfragen, wieviel getrocknetes Kraut dem frischen entspricht, das ist je nach Sorte verschieden).
Sirup auf Honigbasis ist zwar in der Herstellung um einiges teurer, ist aber meist noch wirksamer, vor allem bei Erkältungen und Husten.

Bitte überprüfen Sie jeden Sirup (Erfrischungs- wie Kräutersirup) regelmäßig auf die Güte, jegliche Schimmelbildung bedeutet sofortige Entsorgung! Keinesfalls mehr verwenden! Daher bitte immer allen produzierten Sirup sofort beschriften mit Herstelldatum. Eine kühle, trockene und dunkle Lagerung verlängert übrigens die Haltbarkeit.
Mancher Sirup (z.B. Pfefferminzsirup) gärt etwa 2 Wochen nach der Fertigstellung oft noch nach, sie sollten daher entlüftet werden.

Bitte denken Sie beim erfrischenden Trinksirup daran, dass im Zweifelsfalle Ihr Geschmack entscheidet, ob der Sirup fertig ist. Probieren Sie einen Teelöffel davon mit etwas kaltem Wasser, dann sehen Sie ob das Getränk Ihnen so süß genug oder eventuell zu süß ist, dann einfach noch etwas Zucker nachgeben oder Zitronensäure zufügen. Da Sie ihn ja trinken, sollte er auch nach Ihrem Geschmack sein, meine Rezepte sehe ich daher immer nur als Richtlinie und Grundrezept. Denken Sie allerdings auch daran, dass ein reduzierter Zuckergehalt auch die Haltbarkeit verkürzt.

Die Haltbarmachung von Sirup:

Grundsätzlich gilt die Regel: je mehr Zucker der Sirup enthält desto länger ist er haltbar. Die geöffnete Flasche kühl und dunkel aufzubewahren (am besten im Kühlschrank), verlängert dabei die Haltbarkeit. Diese hängt allerdings auch von der Sauberkeit der verwendeten Utensilien ab, sowie von der Lagertemperatur und von der Mondphase, während der der Sirup zubereitet wird. Neumond und die abnehmende Mondphase ist dabei grundsätzlich weniger geeignet, bitte beachten Sie den jeweiligen Mondkalender! So verlängern Sie nicht nur die Verwendbarkeit Ihres Sirups sondern auch der Geschmack kann dabei gewinnen.

Kaltauszüge halten sich im Kühlschrank nur ein paar Tage, sind aber hinsichtlich ihres Aromas (vor allem bei Fruchtsirup) am besten. Für den Genuss in Mixgetränken oder Cocktails, zum Beispiel mit Sekt aber auch einfachem Mineralwasser sind sie am besten.
Soll der Sirup auf Vorrat oder für mehrere Wochen hergestellt werden, sollte man ihn entweder als Heißauszug herstellen (also Kochen) oder durch Pasteurisation haltbar machen.

Zur **Pasteurisation bzw. Haltbarmachung** gibt es folgende Möglichkeiten:

1. Den Sirup in der verschlossenen Flasche bei 80 °C etwa 5 Minuten lang erhitzen (Wasserbad, Backofen). Hierdurch werden die meisten im Lebensmittelbereich vorkommenden Bakterien, Viren und Pilze abgetötet. Empfindliche Kräuter und Blüten kann man auch nur 30 Minuten bei 60 °C im Backofen im Wasserbad oder in einem Topf im Wasser stehend pasteurisieren. Das reicht in der Regel aus.

2. Den fertigen Sirup nochmals kurz zum Siedepunkt erhitzen, abschäumen und langsam (Vorsicht, dass die Flasche nicht springt!) in die heiß ausgespülten Flaschen füllen, sofort verschließen. Wird der Sirup mit einer Temperatur von mindestens 75 °C, besser noch 80 °C, in eine saubere Flasche gefüllt, sofort verschlossen, und auf dem Kopf gedreht, so werden die Keime, die sich möglicherweise noch darin befinden, abgetötet. Der Sirup bleibt dann meist bis zu 12 Monate haltbar. Unter Umständen leidet allerdings das Aroma vor allem bei Blütensirup etwas unter dieser Methode.

3. Die Haltbarkeit kann durch die Zugabe von Ascorbinsäure (Vitamin C) oder Zitronensäure (vorher in Wasser auflösen) noch verlängert werden. Dadurch verändert sich allerdings oft sowohl Farbe als auch Geschmack.

4. Die Sirupflaschen in einen am Boden und an den Rändern mit Heu ausgelegten Topf stellen, mit kaltem Wasser füllen, dann das Wasserbad 1 Stunde lang zum Siedepunkt erhitzen. Auf die erkalteten Flaschen je eine Messerspitze Einmachhilfe in den Flaschen-

hals geben, verkorken und dann versiegeln. Bei Drehverschlussflaschen die verschlossene Flasche auf den Kopf gestellt abkühlen lassen.

5. Auf den fertigen, abgekühlten Sirup in den Flaschenhals obenauf etwa 1 cm passenden Schnaps (Obstler, Rum, Korn) vorsichtig zugeben, nicht schütteln!

Beachten Sie bitte, dass der Sirup nach dem Erkalten dickflüssiger ist als im heißen Zustand! Vor dem Abfüllen den Sirup noch abschmecken und eventuell mit Zitronensäure oder -saft fruchtiger machen.

Obstsaft kann man auch im Schnellkochtopf machen, dafür das Obst waschen, eventuell Kerne und Schale entfernen und in grobe Stücke schneiden. Mit ganz wenig Wasser (ohne Zucker) bis zum Drucksignal kochen lassen, die Herdplatte ausschalten und abkühlen lassen, bis der Topf geöffnet werden kann. Danach durch ein feuchtes Tuch pressen und nach Wunsch weiterverarbeiten.

Fruchtsirup sollte nicht lange gekocht werden um das Aroma zu erhalten, daher auf mittlerer Hitze und nicht zu lange kochen lassen. Bleiben Sie aber lieber dabei, und rühren oft um, damit nichts anbrennen kann.

Wenn der Sirup geliert ist

Sirup kann unter bestimmten Umständen gelieren, auch wenn kein Gelierzucker verwendet wurde. Dies bedeutet aber keinen Verderb.

Das kann manchmal passieren, wenn
- zuviel Zucker verwendet wurde
- besonders pektinreiche Früchte verarbeitet wurden
- die Früchte heiß entsaftet worden sind

Manchmal ist nur ein kleiner Pfropfen im Flaschenhals, der durch Schütteln wieder ein Entnehmen des Sirups möglich macht. Ist der gesamte Sirup geliert und lässt sich nicht mehr hinausschütten, so muss die Flasche im Wasserbad wieder erhitzt und der Inhalt somit wieder verflüssigt werden. Danach gibt man bei einer Temperatur von 45 °C ein Enzympräparat zu. Nach etwa 2 Stunden Wartezeit kann der Sirup nun erneut erhitzt werden und wird wieder heiß mit 80 °C abgefüllt.
Besonders leicht gelieren pektinhaltige Früchte wie Äpfel, Johannisbeeren und Jostabeeren. Kräutersirup geliert in der Regel nicht.

Wenn der Sirup auskristallisiert ist

Auch die eher seltene Auskristallisation (erst bei einem Zuckergehalt von mehr als 1,5 kg pro Liter Saft) bedeutet einen Verderb, ist aber für die weitere Verwendung nicht nur unschön, sondern auch ungünstig.
Sirup kristallisiert, wenn

- der Sirup nicht erhitzt wurde oder nicht heiß abgefüllt worden ist
- zu viel Zucker verwendet wurde
- die Lagerung zu kühl erfolgt

Der Sirup kann wiederum im Wasserbad erhitzt werden und sollte mit Wasser oder weiterem Fruchtsaft verlängert werden. Er kann dann erneut heiß abgefüllt werden.

Abfüllen:

Verwenden Sie saubere (Spülmaschine!) und möglichst heiß ausgespülte Flaschen und Gläser. Ich sammle schon das ganze Jahr über Fläschchen (z.B. von Ketchup, Grillsaucen und Ahornsirup, aber auch kleine Schnapsflaschen ergeben gefüllt mit unserem leckeren Sirup sehr schöne Geschenke).
Wenn Sie die Flaschen mit Gummikappen verschließen, füllen Sie diese bis direkt unter den Rand, Flaschen die verkorkt werden, nur bis 3 cm unter den Rand. Vor dem Abfüllen nochmals Schaum entfernen, falls sich welcher bildet. Die Lagerung sollte stets möglichst kühl, trocken und dunkel erfolgen, somit verlängert sich die Haltbarkeit .
Auf jeden Fall gilt: Wenn Sie eine Flasche öffnen, erst den Inhalt kontrollieren! Angebrochene Flaschen gehören in den Kühlschrank und sind schnell zu verbrauchen.

Früchte, Blüten, Beeren, Kräuter sammeln und verarbeiten

Am einfachsten ist sicherlich das Pflücken im eigenen Garten, da weiß man - zumindest meistens - was man einsammelt.
Die Kräuterjagd in Wald und Wiese macht natürlich viel Spaß, aber dafür sollte man unbedingt die Wildkräuter gut kennen, um eventuelle Verwechslungen mit anderen, vielleicht giftigen oder ungenießbaren Pflanzen zu verhindern! So lernt man gleich die Umwelt und die Wachstumsbedingungen „seiner" Beeren und Kräuter kennen, genießt die Natur und beschäftigt sich entspannt mit dem althergebrachtem Wissen unserer Vorfahren. Besorgen Sie sich im Buchhandel einen guten Pflanzenführer mit deutlichen Farbfotos und guten Beschreibungen, um bei jedem Spaziergang gleich nachzuschlagen, was Ihnen da an Blüten und Kräutern begegnet. Es macht viel Spaß zu sehen, was die

Natur auch heute noch auf unseren Wegen wachsen lässt und wieviel davon nicht nur genießbar (im wahrsten Sinne des Wortes) sondern meist auch heilkräftig und gesund ist. Viele Volkshochschulen und manche Apotheken bieten auch Kräuterkurse an, bei denen Sie sowohl gemeinsam sammeln gehen können, als auch Tipps im Umgang mit den Wildpflanzen erhalten. Im Zweifelsfalle können Sie in der Apotheke Ihres Vertrauens Ihren Kräuterfund prüfen lassen. Sind Sie sich aber nicht sicher und haben keinen, der sich mit der Botanik gut auskennt: Hände weg!
Abzuraten als Sammelplatz ist natürlich von allen viel befahrenen Straßen, Bahndämmen, Mülldeponien aber auch von direkt neben bewirtschafteten Ackerflächen gelegenem Wuchs, da die Ausbringung der Dünger- und Spritzmittel auch dort die Pflanzen erreicht, was nicht gerade der Gesundheit förderlich ist.
Abgesperrte und geschützte Flächen sowie bepflanzte Felder bitte nicht zum Sammeln betreten, ebenso Wälder zur Brunftzeit meiden.
Der Standort der Kräuter entscheidet über Wirksamkeit und Geschmack. Die Stellen, an denen Sie pflücken, müssen unbedingt auch einwandfrei sein im Bezug auf Hygiene. Stellen, an denen z. B. der Fuchs wohnt, sind wegen der Gefahr der Verunreinigung mit dem Fuchsbandwurm unbedingt zu meiden! Kot- und Urinierstellen auf Weiden sind ebenfalls ungeeignet.
Kräuter und Blüten immer an sonnigen oder zumindest trockenen Vormittagen sammeln, sobald der Tau abgetrocknet ist. Auch die Beachtung der Mondphasen (Mondkalender!) zum Sammeln und Verarbeiten von Pflanzen ist sehr zu empfehlen. Die entsprechende Mondphase kann die Wirksamkeit und die Haltbarkeit des Sirups oder Honigs stark steigern.
Der Artenschutz ist dabei dringend zu beachten (siehe Hinweis am Buchanfang!).
Möglichst junge zarte Blätter und voll erblühte Blüten verwenden (noch nicht verblühend!).

Die beste Jahreszeit zum Sammeln finden Sie im Anhang im Sammelkalender.
Bitte lassen Sie auch immer einige Pflanzen stehen und sammeln an anderer Stelle weiter, damit sich im nächsten Jahr wieder ein Wuchs einstellt und Ihre Ernte nicht schädigend für die Pflanze ist. Am besten beginnt jeder mit den Blüten, Beeren und Kräutern, die ihm schon gut bekannt sind, damit werden Fehler vermieden und erste Erfahrungen gemacht, die dann erweitert werden können.

Und bitte: nur soviel mitnehmen, wie Sie auch verarbeiten, die Haltbarkeit getrockneter Kräuter und Blüten ist etwa auf ein Jahr begrenzt - und da gibt es ja schon wieder neuen Wuchs!

Die gesammelte „Beute" bitte nicht in Plastiktüten quetschen, besser in Körbe, Schüsseln, Eimer oder Baumwollbeuteln transportieren und schnellstmöglich verarbeiten, zum Beispiel durch:

1. Trocknen
2. Einmachen und Einkochen
3. Einfrieren

1. Kräuter und Wurzeln trocknen

Die gesammelten Kräuter nicht waschen, aber vorsichtig gut abschütteln von allem, was noch darin sein mag (kleine Käferchen, Ameisen, Blütenstaub, Erde). Dann an einem luftigen Ort möglichst ohne direkte Sonnenbestrahlung trocknen. Vor allem Pflanzen mit hohem Anteil an ätherischem Öl nehmen die Sonne übel, es „verduftet“ einfach. Immer wieder wenden, bis das ganze Kraut gut durchgetrocknet ist. Das ist je nach Pflanzenteil (Stängel, Wurzel, Blatt, Blüte) sehr unterschiedlich. Nicht komplett durchgetrocknete Pflanzen enthalten noch eine Restfeuchte, die sie dann später schimmeln lässt –unbedingt solche Pflanzen entsorgen, sie sind gesundheitsschädlich! Zum Trocknen die Kräuter entweder gebündelt zu Sträußchen aufhängen oder auf einem alten Bettuch auf einem Tisch oder einer trockenen Unterlage ausbreiten (Zeitungspapier enthält schädliche Gifte wie die Druckerschwärze, daher bitte nicht verwenden!). Öfters wenden und solange trocknen bis das Kraut nicht nur trocken sondern richtig dürr und brüchig ist und raschelt, wenn man es abrebelt. Wie gesagt, nur ein Jahr lang aufbewahren, dann gibt es schon Nachschub, die Wirkstoffe der unverarbeiteten Kräuter schwinden dann auch rasant. Aufbewahren sollten Sie diese in einem gut verschlossenen Glas, evt. auch in Farbglas oder Porzellan, manche Kräuter sind recht lichtempfindlich. Auch kleine Säckchen aus Baumwolle und Leinen sind für Kräuter geeignet, die einen weniger hohen Anteil der flüchtigen ätherischen Öle haben. Unbedingt beschriften (mit Datum) und öfters, spätestens vor Verwendung aber, nachkontrollieren ob noch alles gut duftet und schimmelfrei ist. Im Zweifelsfalle immer entsorgen!
Wurzeln und Knollen werden unter fließendem Wasser gut gewaschen und von sämtlicher Erde und Steinchen gereinigt. Dann in Stückchen schneiden und trocknen, evt. wie Pilze auffädeln auf eine feste Schnur und zum Trocknen aufhängen. Die vollkommen ausgetrockneten Wurzelstücke dann in Gläsern, Dosen oder kleinen Säckchen (hängend, Gefahr von hungrigen Nagern!) aufbewahren.

2. Einmachen und Einkochen

Einmachen: hier sind wir allmählich bei unserem Thema, denn hier besprechen wir diverse Methoden, um aus Kräutern, Blüten, Früchten und vielem mehr einen Sirup einzukochen.

Weitere Möglichkeiten sind auch die Verarbeitung zu Konfitüren, Gelees und Chutneys kochen, Saft pressen oder auskochen, einwecken, in Öl, Essig oder auch süß in Sirup einlegen.

3. Einfrieren

Einfrieren kann man in der Regel alle in der Küche verwendeten Kräuter. Dazu waschen, klein schneiden und, in möglichst kleine Gefrierdöschen oder Tütchen abgepackt, nicht länger als 1 Jahr lang einfrieren. Bei Bedarf kann man dann die gefrorenen Kräuter portionsweise nach Bedarf entnehmen und gleich verwenden, das ist praktisch und eignet sich besonders gut für Schnittlauch, Petersilie, Liebstöckel, Dill und ähnliche Kräuter. Die meisten Früchte und Beeren sind zwar ebenfalls einfrierfähig, im Regelfall leidet aber das Aroma sehr und viele Früchte werden beim Auftauen „matschig“ und verlieren an Geschmack und Form. Heilkräuter sollten lieber seltener eingefroren werden.

Wichtig:

Wenn Sie die in diesem Buch genannten Pflanzen bzw. deren Blüten oder Früchte wildwachsend sammeln, so schlagen Sie bitte in der „Roten Liste bedrohter Pflanzenarten“ nach, ob sie unter Naturschutz stehen und welche Teile dementsprechend überhaupt gepflückt werden dürfen, um nicht den Bestand der Pflanze zu gefährden und mit dem Gesetz in Konflikt zu geraten!
Im Zweifelsfalle lieber im (eigenen) Garten „räubern“. Für etwa 30 Pflanzenarten bestehen Schutzbestimmungen, so ist z.B. das Pflücken kleiner Sträußchen für den Eigengebrauch erlaubt, nicht aber in größeren Mengen sowie das Ausgraben der Wurzel.

Zuckerarten und Honig

Da es in diesem Buch vor allem um die Herstellung von Sirup geht, lohnt es sich, einmal etwas über diverse Arten, wie wir Zucker verwenden können zu erfahren und über die verschiedenen Zuckerarten.

In der Industrie wird oft für die Fabrikation von Likören, Süßigkeiten und Sirup ein Stärkesirup (Glukosesirup) verwendet, wodurch eine sämige Beschaffenheit erreicht wird. Dieser Glukosesirup ist allerdings nur etwa halb so süß wie normaler Zuckersirup und nur selten zu beschaffen. Diese Sämigkeit können wir nur durch eine stärkere Eindickung erhalten, wodurch die Zuckerkonzentration und damit auch die Süße steigt. Wer also nicht ganz so süßen Sirup haben will, darf ihn nicht ganz so sehr einkochen oder muss mit Säuerungsmitteln (Zitronensaft, Zitronensäure, Ascorbinsäure) wieder den starken Süßgeschmack reduzieren. Ansonsten kann man auch einen Teil des Sirups (ca. 10 bis 20%) durch Glukosesirup ersetzen, wenn man ihn sich beschaffen kann.

Zucker löst sich nur bis zu einer gewissen Menge im Wasser, was von der Wassertemperatur abhängt. Ist die Zuckerlösung gesättigt, bleiben Kristalle des Zuckers übrig und lösen sich nicht mehr auf oder lösen sich zwar erst auf, kristallisieren aber bei Abkühlung wieder aus.

Richtwerte sind dabei:
200 ml Wasser für 1 kg Zucker bei 100 °C
400 ml Wasser für 1 kg Zucker bei 40 °C (also schon die doppelte Menge Wasser)
560 ml Wasser für 1 kg Zucker bei kaltem Wasser

Die Auskristallisation können wir jedoch vermeiden und auch eine sehr hohe Zuckerkonzentrationen bei jeder (haushaltsüblichen) Temperatur flüssig halten, indem wir eine chemische Umwandlung namens „Inversion" vornehmen, bei der aus dem Haushaltszucker durch Zugabe von kleineren Mengen Wein - oder Zitronensäure als Katalysator Glucose – Fruktose (sogenannter „Invertzucker") wird.

Dies geht so:
Die Wassermenge vor dem Kochen abmessen (siehe unten), den Zucker zugeben und unter ständigem Rühren zum Kochen bringen. Die Weinstein- oder Zitronensäure in etwas heißem Wasser auflösen und bei Erreichen des Siedepunktes zugeben. Die Lösung nun 10 Minuten lang unter Rühren weiterkochen lassen, eventuell sich bildenden Schaum abnehmen mit einem Schaumlöffel. Die Lösung danach mit heißem Wasser in einem Messbecher auf die angegebene Menge auffüllen – Achtung, die Lösung ist sehr heiß, daher vorher etwas abkühlen lassen und vorsichtig damit umgehen! Diesen Sirup nun durch ein sauberes Tuch filtrieren und wie gewünscht weiterverarbeiten.

500 g	Zucker auf	200 ml Wasser mit	0,5 g Säure	ergibt 0,5 L	Zuckersirup
1 kg	Zucker auf	450 ml Wasser mit	1,0 g Säure	ergibt 1 L	Zuckersirup
1,5 kg	Zucker auf	650 ml Wasser mit	1,5 g Säure	ergibt 1,5 L	Zuckersirup
2 kg	Zucker auf	850 ml Wasser mit	2,0 g Säure	ergibt 2 L	Zuckersirup

In der Regel verwenden wir für Trinksirups den gewöhnlichen weißen Haushaltszucker aus Zuckerrüben, für die Herstellung von Kräuter- und Heilsirups oder wenn wir einen eher würzigen Sirup (wie Zimtsirup) kochen, greifen wir gerne zu braunem Rohrzucker oder Rohrohrzucker. Allerdings enthält der braune und auch der gelbe (Österreich) Zucker einen höheren Melasseanteil, wodurch sich Geschmacksveränderungen ergeben, die nicht immer zu unserem Produkt passen, daher muss man dies berücksichtigen. Besonders feine, leichte Aromen wie Blüten sollte man lieber mit weißem Zucker verarbeiten, um sie nicht zu überdecken.

Zuckeraustauschstoffe sind für unsere Siruphersteilung nur begrenzt geeignet, da sie sowohl Aroma als auch Haltbarkeit verändern. Für Heilsirup sind sie grundsätzlich abzulehnen.

Natürlich färben:

Sirup aus dem Handel (Ausnahme Bio – Sirup) wird meist gefärbt, denn unsere Geschmacksnerven reagieren auf intensive Farben und werden angeregt. Daher verkaufen sich farbintensive Produkte meist besser. Ich persönlich verzichte allerdings lieber auf künstlich hergestellte Farbstoffe, die zudem oft allergieauslösend sind.
Es gibt auch die Möglichkeit, natürliche Farbstoffe selbst herzustellen, wenn die Färbung des Sirups an sich zu schwach ausfällt. Das Eigenaroma der Färbungen ist in der Regel nicht so stark, dass es durch die Zugabe einer geringen Menge die Qualität sehr verändern würde, im Zweifelsfalle aber bitte abschmecken!
Dafür gibt man dem fertigen (nur beim Trink-!) Sirup folgenden Ansatz hinzu:
Fertigen Sie etwas Alkohol-Wasser-Lösung und geben Sie dazu:

- Für Rot
  -dunkles Rot: ein paar getrocknete Malvenblütenblätter (rote Stockrose) je nach gewünschter Farbintensität ziehen lassen
  - helles Rot: ein paar getrocknete Malvenblütenblätter, nachdem man den Sirup hat ziehen lassen, gibt man ein paar Tropfen Zitronensaft oder einige Körnchen Zitronensäure dazu

- Für Gelb: ein paar echte Safranfäden (kräftige Färbung!)
- Für Orange: Fruchtfleisch von dunkelorangefarbenen Kaktusfeigen
- Für Braun: Zuckercouleur herstellen (siehe „offizielle Zuckerkoch-gradliste"), nach dem Auskühlen füllt man den braunen Sirup in ein verschraubbares Glas und füllt es zur Hälfte mit Wasser, zur anderen Hälfte mit Alkohol auf, wodurch sich die Zuckermasse vollkommen auflöst. Filtern und dann verwenden

Läuterzucker

Er wird verwendet zur Herstellung von feinen Likören aber auch von Sirup aus empfindlichen Blüten und Kräutern. Je nach der gewünschten Verwendung wird Läuterzucker konzentrierter oder schwächer gekocht.

Läuterzucker kochen:

Zutaten:

Kristallzucker
Wasser
Zuckerthermometer

Zubereitung:

In einem Topf den Zucker mit Wasser gerade bedecken, dann auf voller Stufe kochen bis das Thermometer auf 100 °C stehen bleibt. (Die Temperatur steigt nur, wenn ein gewisser Zuckerüberschuss besteht). Aufpassen, damit nichts anbrennt! Unreinheiten, die sich am Topfrand absetzen, wischen wir mit einem feuchten Tuch o.ä. weg.
Den Zucker nun solange kochen, bis er keine Schmutzpartikel mehr abgibt, dann sofort vom Herd nehmen. Erkalten lassen mit dem aufgelegten Deckel (so erkaltet der Zucker nicht so rapide und bekommt keine „Haut").

Würde man nun den Zucker weiter erhitzen, so verdampft auch immer mehr Wasser, der Zucker wird so konzentriert, bis am Ende nur noch das sog. Karamell übrigbleibt (Achtung, brennt leicht an!).

An der Temperatur der Zuckerlösung kann man den Grad der Konzentration bestimmen.
Hierzu gibt es eine Zuckerkochgrad – Liste.

Offizielle Zuckerkochgrad-Liste

100 Grad Zuckerkochgrad: *Läuterzucker*
Verwendung: Glasurverdünnung, Sirup, Liköre, Tränken von Torten, für die Fruchteisherstellung

105 Grad Zuckerkochgrad: *Schwacher Faden* (Probe nehmen, Verbrennungsgefahr!)
Verwendung: Herstellung von Belegfrüchten

108 Grad Zuckerkochgrad: *Starker Faden*
Verwendung: Kochschokolade, Glasur von Dickzuckerfrüchten

112 Grad Zuckerkochgrad: *Schwacher Flug*
Verwendung: gebrannte Mandeln, Zuckerwatte, warme Schaummassen

118 Grad Zuckerkochgrad: *Starker Flug*
Verwendung: Fondantbereitung

125 Grad Zuckerkochgrad: *Ballen*
Probe: lässt sich kugelig formen
Verwendung: Sahnekaramellen

135 Grad Zuckerkochgrad: *Bruch*
Probe: ein Holzstäbchen in die Zuckermasse eintunken, wenn erkaltet biegen, der Zucker bricht!
Verwendung: Bonbons

145 Grad Zuckerkochgrad: *Karamell*
Probe: Zucker ist farblos und klar
Verwendung: gezogener und geblasener Zucker

155 Grad Zuckerkochgrad: *Couleur*
Probe: Zucker bräunt wenn er mit Wasser abgelöscht und wieder losgekocht wird
Verwendung: Zur Färbung von Cremes und Glasuren.

Kochlöffel-Liste

Als bzw. wenn kein Zuckerthermometer vorhanden war/ist, kann man nach dieser Liste arbeiten. In alten Rezepten werden diese auch manchmal angegeben.
Es gibt 7 Grade:

Erster Grad: *Breitlauf*
Weißliche starke Blasenbildung und breiter Lauf. Zucker fällt als Klumpen vom Kochlöffel

Zweiter Grad: *Kleine Perle*
Kochlöffel in die Lösung eintauchen und anheben, ein langer Faden formt sich, der bald reißt und sich wieder zurückzieht während er sich als Perle verdickt

Dritter Grad: *Große Perle*
Kochlöffel eintauchen und anheben, ein zäher langer Faden bildet sich, der nicht reißt

Vierter Grad: *Schwacher Flug oder kleine Blase*
Kochlöffel eintauchen, anheben und anblasen, es fliegen kleine Bläschen davon

Fünfter Grad: *Starker Flug oder große Blase*
Kochlöffel eintauchen, anheben und anblasen, es fliegen große Bläschen davon

Sechster Grad: *Starker Bruch*
Einen Tropfen der Zuckerlösung in eiskaltes Wasser tauchen. Er erstarrt sofort und lässt sich glatt wie Glas brechen. Er ist von gelblicher Farbe und klebt nun nicht mehr

Siebter Grad: *Karamell*
Unbedingt ständig rühren! Der Zucker wird nun trocken, das Wasser ist komplett verdampft. Der Zucker beginnt zu schmelzen und verfärbt sich (honiggelb- heller Karamell, rötlich-hellbraun ist dunkler Karamell)

Wird die Zuckerlösung noch weiter erhitzt, verbrennt der Zucker und wird dann bitter. Er verfärbt sich dann dunkelbraun und wird nur noch zum Färben verwendet (meist heute in der Industrie).

Eiswasser-Methode

Auch diese alte Tabelle verwendete man früher wenn man kein Zuckerthermometer hatte, sie ist aber auch heute noch aktuell.
Es gibt 7 Grade:

Vorbereitung:
Zum Testen benötigt man eine Schale, gefüllt mit möglichst kaltem Wasser und Eiswürfeln.
Mit einem kleinen Löffel entnimmt man etwas Sirup aus dem Kochtopf und lässt diesen in das Eiswasser fallen. Dann bestimmt man den erreichten Grad.

Erster Grad: *Faden*
Teelöffel Sirup entnehmen und über einen Löffel laufen lassen. Es bildet sich ein dünner Faden

Zweiter Grad: *Kleiner Ballen*
Einen Teelöffel Sirup in das Eiswasser geben. Im Wasser mit den Fingern zu einem Ball rollen. Dann aus dem Wasser nehmen, er muss draußen sogleich an Form verlieren und flach werden

Dritter Grad: *Mittlerer Ballen*
Einen Teelöffel Sirup in das Eiswasser geben, im Wasser wieder zu einem Ball rollen, aus dem Wasser nehmen. Der Ball bleibt rund, ist aber elastisch und klebrig

Vierter Grad: *Starker Ballen*
Einen Teelöffel Sirup in das Eiswasser geben, im Wasser zu einem Ball rollen, aus dem Wasser nehmen. Ball behält seine Form auch bei Druck und ist etwas klebrig.

Fünfter Grad: *Schwacher Bruch*
Einen Teelöffel Sirup in das Eiswasser geben, herausnehmen und vorsichtig mit den Fingern ausziehen. Der Zucker trennt sich in feste, elastische Fäden und klebt nur leicht.

Sechster Grad: *Starker Bruch*
Einen Teelöffel Sirup in das Eiswasser geben, herausnehmen und biegen. Er bricht glatt und glasartig. Die Farbe verändert sich nun, er ist leicht gelblich und klebt nicht mehr.

Siebter Grad: *Gebrannter Zucker*
Der Zucker karamellisiert nun, honiggelbe Farbe: heller Karamell, rötlich-braune Farbe: dunkler Karamell

Wird der Zucker weitergekocht, verbrennt er und wird dunkler und der Geschmack bitter.

Noch ein Wort zum Wasser:

Unser Trinkwasser in Deutschland, Österreich und der Schweiz ist in der Regel ein gut schmeckendes und sehr sauberes Wasser, das wir gerne für die Sirupbereitung verwenden können. Schmeckt Ihnen das Wasser jedoch nicht, sollten Sie es auch nicht verwenden! Es sollte auf jeden Fall geschmacksneutral sein, damit die feinen Aromen nicht verändert werden. Versuchen Sie doch, ein gutes Quellwasser zu bekommen. Auf keinen Fall bitte Mineralwasser mit Kohlensäure benutzen!

Zubehör

Was werden zum Sirupkochen für Gerätschaften benötigt?
Zumeist dürften so gut wie alle benötigten Gegenstände in jeder Küche vorhanden sein:

- Diverse Töpfe, vorzugsweise aus Edelstahl
- Rührlöffel (aus Holz oder Edelstahl, Kunststoff kann evt. schmelzen)
- Mehrere unterschiedliche Siebe, feiner und gröber, aus Edelstahl
- Ein oder mehrere Tücher aus Baumwolle oder Leinen, durch die z.B. der Fruchtrückstand gepresst werden kann
- evt. ein Hocker, der (umgedreht) ein gutes Gerät ergibt, bei dem der Saft aus der gekochten Fruchtmasse gefiltert werden kann
- Flaschen und Gläser, in denen der fertige Sirup dann aufbewahrt wird
  Tipp: sammeln Sie das ganze Jahr über bereits weithalsige Gläser und Flaschen mit Drehverschluss (z.B. von Ketchup, Saft, Ahornsirup, kleine Weinfläschchen, Blaukrautgläser etc.), waschen sie nach Gebrauch gut aus und heben sie z.B. im im Keller auf, die sind „Gold wert“ wenn Sie dann Sirup einkochen! Wichtig dabei sind die passenden und unbeschädigten Deckel
- ein Steinguttopf für Kräuterhonig
- scharfe Messer oder ein elektrischer Kräuterhacker
- einen Kochherd (egal welchen)
- eventuell ein Zuckerthermometer
- etwas Experimentierfreudigkeit

Honig

Honig ist eines der ältesten bekannten natürlichen Heilmittel der Menschheit. Bereits die alten Germanen verwendeten ihn als Honigverband zur schnelleren Abheilung von Wunden. Honig enthält sogenannte „Inhibine“(z.B. Lysozym, Flavonoide und aromatische Säuren), die für ihre bakterientötenden, entzündungshemmenden und wundreinigenden Wirkungen verantwortlich sind, abhängig vom jeweiligen Gehalt. Diese Eigenschaft besitzen alle Honigarten, unabhängig von der Blütenart, aus der sie gewonnen werden. Honig enthält neben konzentrierten Zuckerstoffen noch zwischen 14 und 18 % Wasser, Kalium, Kalzium, Magnesium, Kupfer, Natrium, Mangan, Phosphat, Vitamine und Fermente.

Noch bis in das 17. Jahrhundert war Honig angeblich der einzige Süßstoff in der Küche. In Experimenten wurde herausgefunden, dass naturreiner Honig vor allem Eitererreger (Staphylokokken), Diphteriebakterien und Milzbranderreger in ihrem Wachstum hemmt. Für Tuberkulosekranke wird die reichliche Verwendung von Honig übrigens wärmstens empfohlen., da er Tuberkulosebazillen angeblich ebenfalls in ihrem Wachstum hemmt. Diese segensreichen Wirkungen werden jedoch deutlich reduziert oder auch vernichtet, indem Honig gekocht oder stark erhitzt (über 40 Grad Celsius) wird.

Honig hat eine stark beruhigende Wirkung auf unser Nervensystem, weshalb die Einnahme von Honig in warmer (nicht heißer!) Milch als Beruhigungsmittel wärmstens empfohlen werden kann. Bei Kuhmilchunverträglichkeit weiche man auf Mandelmilch oder Sojamilch aus.

Hildegard von Bingen verwendet in ihren Rezepten übrigens reichlich Honig!
Honig ist sehr lange haltbar, wenn er auskristallisiert bedeutet das keinen Qualitätsverlust, da er sich durch leichtes Erwärmen sich wieder völlig verflüssigt (unter 40 Grad!). Allerdings nehmen die antibiotischen Eigenschaften mit der Lagerung immer mehr ab, daher sollte Honig zu Heilzwecken möglichst nur kurz gelagert werden, sowie kühl und dunkel aufbewahrt werden.
Beim Kauf achten Sie bitte möglichst darauf, kalt-geschleuderten (also nicht erhitzten) Honig zu bekommen, ansonsten erhalten Sie kein Heil- sondern nur noch ein reines Süßungsmittel! Wenn Sie einen ortsansässigen Imker haben, fragen Sie ihn doch danach.

Bei Kleinkindern unter 18 Monaten soll man mit der Gabe von Honig allerdings vorsichtig sein, da ihre Magensäfte angeblich noch nicht sauer genug sein sollen, um manche im Honig enthaltenen Bakterien abzutöten, was Lebensmittelvergiftungen als Folge haben können soll.

Wir kennen u.a. folgende Honig – Sorten :

- **Blütenhonig** aus unspezifischen Wiesenblüten, hat eine helle, klare Farbe und schmeckt sehr süß und mild

- **Waldhonig** und **Tannenhonig**
  Wald- und Tannenhonig erzeugen Bienen, die den Honigtau (also die Ausscheidungen von Pflanzenläusen) sammeln. In ihrem Magen wandelt die Biene diesen dann in Honig um. Er hat eine wesentlich dunklere Färbung als Blütenhonig und schmeckt würziger und herber. Für die Herstellung von Hustensäften ist er besonders gut geeignet

- **Heide-Honig** aus Heideblüten, wohlschmeckend, gut für die Herstellung von Kräutersirup für die Harnwege, da die Blüten des Heidekrautes eine stark antiseptische und diuretische Wirkung auf die Blase und Nieren haben, sowie eine positive Wirkung bei Rheuma, Arthritis und Gicht

- **Lindenblüten-Honig** hellgelb, süßlich lieblicher Geschmack

- **Akazienblüten-Honig** ebenfalls sehr süß und lieblich, duftend nach feiner Blüte der (Pseudo-) Akazie, die bei Leberschwäche, Gallenblasenproblemen und Nervosität verwendet wird

- **Lavendelblüten-Honig** vor allem aus Frankreich und der Toskana, wirkt beruhigend auf die Nerven (heißes Milchgetränk!)

- **Raps-Honig** kommt meist aus Kanada. Experimente eines Schweizer Instituts ergaben, dass Rapshonig die stärkste antibiotische Wirkung auf den Erreger *Staphylococcus aureus* z.B. hat, gefolgt von Honigtau- (= Wald- und Tannenhonige) und Löwenzahnblütenhonig

- **Klee-Honig** ist sehr mild, milchig-hell und meist von fester Konsistenz die schmilzt. Da Kleeblüten empfohlen werden bei Husten, Asthma, Koliken und Leibschmerzen, verwenden wir diesen Honig gerne zur Herstellung eines Kräuterhonigs mit dieser Indikation

- **Eukalyptus-Honig** durch die antiseptischen Eigenschaften des Eukalyptus, ist dieser Honig gut geeignet zur Bereitung von Erkältungs- und Hustenmedizinen

- **Eichen-Honig** sehr kräftig und würzig, etwas herb, sehr gut für Eichenrindensirup!

- **Thymianhonig** aus Frankreich, Italien und Griechenland, sehr gut geeignet für Husten- und Bronchialsirup durch seine beruhigende Wirkung auf die Bronchien
- **Kräuter-Honig** aus den Blüten diverser Kräuter, unspezifisch

- **Tasmanischer Lederholzhonig** schätzen die Australier besonders wegen seines außergewöhnlichen Geschmacks

- **Orangenblüten-Honig** oft aus Mexiko, cremige Konsistenz, gelb-orange Färbung, duftend nach den würzigen Orangenblüten

- **Manuka-Honig** aus Neuseeland soll besondere Heilwirkungen haben. Manuka duftet warm, erdig, nach würzigem Kraut und hat eine starke antimikrobielle Wirkung gegen viele Arten von Bakterien, Viren und Pilzen, kann also als pflanzliches Antibiotikum bezeichnet werden, mit einem breiten Wirkspektrum. Auf die Nerven wirkt Manuka beruhigend und stressabbauend. Als „Aktive" Honige bezeichnet man Manukahonig mit starker antibiotischer Wirkung, die angeblich sehr stark variiert und sich bei längerer Lagerung auch abbaut

- **Pohutukawa-Honig** aus Neuseeland, aus den Blüten des Pohutukawabaumes, helle Farbe, cremige Konsistenz, eigenartiger, wie salziger Geschmack

- **Pinen-Honig**, aromatisch und kräftig im Geschmack

Honig aus den Blüten von Azaleen und Rhododendren soll für Menschen giftig sein!

Teil II

Die Rezepte

Eine Trennung in Gruppen (Trinksirup und Heilsirup) kann man nicht ausschließlich vornehmen, da viele Sirupsorten trotz ihrer Heilwirkung gut schmecken und gerne getrunken werden (aber nicht zu oft allerdings!), wobei Trinksirup aus diversen Früchten und Kräutern auch oftmals eine spezifische Wirkung haben, wie eigentlich alle Lebensmittel eine Auswirkung auf unsere Gesundheit haben. Ich habe die Sortierung in die Rubrik „Kräutersirup“ dort vorgenommen, wo der gesundheitliche Aspekt meiner Meinung nach überwiegt. Im Endeffektl muss das jeder für sich selbst herausfinden. Wichtig ist, dass besonders das Trinken von Kräutersirup abwechselnd erfolgt, wie es auch beim regelmäßigen Teetrinken der Fall ist. Trinken Sie immer ein Fläschchen der einen Sorte leer, dann nehmen Sie sich ein anderes vor, dann kann man nichts verkehrt machen!

Kochen Sie einen Sirup zum ersten Mal und sind sich nicht sicher, dass er Ihnen auch schmecken wird, dann versuchen Sie es am besten erst mit einer kleineren Menge vorerst (alles halbieren oder dritteln, meist geht das). Nachkochen kann man immer noch.

Tipp:
Benutzen Sie immer saubere Flaschen und Gläser, in die Sie vor dem Abfüllen kochendes oder sehr heißes Wasser einfüllen! Stellen Sie die frisch abgefüllten Flaschen dann nach dem Verschließen auf den Kopf und lassen Sie diese so auskühlen. Möglichst weit auffüllen dabei!

Trinksirup zur Erfrischung

1. Fruchtsirup

Ananassirup

<u>Zutaten:</u>
1 – 2 frische Ananas oder:
1 L Ananassaft (ungesüßt und unverdünnt)
300 ml Wasser
0,8 kg Zucker

<u>Zubereitung:</u>
Die Ananas schälen, den Strunk herausschneiden und in Stücke schneiden. In der Saftpresse auspressen. Den Saft (oder den gekauften Saft, dann das Wasser weglassen!) mit dem Wasser und dem Zucker im o.g. Verhältnis zu einem Sirup einkochen, abschäumen und heiß abfüllen. Bald verbrauchen.

Apfelsirup

Für diesen Sirup gilt: je aromareicher die Äpfel, desto besser wird er. Verwenden Sie nach Möglichkeit etwas säuerliche und ungespritzte Bio-Äpfeln aus dem Garten, ansonsten sind die Äpfel vom Bodensee und aus Südtirol empfehlenswert.

Hildegard`s Apfelsirup

Entstanden in Anlehnung an ein Kompottrezept der Hildegard von Bingen

<u>Zutaten:</u>
1,5 kg säuerliche Äpfel
400 ml Wasser
10 g Zitronensäure
1 Vanillestange
5 Gewürznelken
etwas geriebener Muskat
10 g pulversierter Galgant
300 ml trockener Weißwein

<u>Zubereitung:</u>
Das Wasser mit dem Zucker, der aufgeschlitzten und ausgekratzten Vanilleschote und den Gewürzen zu einem leichten Sirup einkochen. Die Äpfel gut abwaschen und samt Schale und Kernhaus vierteln, dazugeben und im Sirup weich kochen. Durch ein feuchtes

Tuch geben, nicht zu sehr pressen, damit der Sirup klar bleibt. Abschmecken (evt. noch Zitronensäure zugeben) und noch heiß abfüllen.

Apfel – Rum – Sirup

Zutaten:

2 kg Äpfel, ungespritzt
1 ungespritzte Zitrone
1 kg Zucker
2 EL Rum

Zubereitung:

Die gewaschenen und halbierten Äpfel mit Schale und Kerngehäuse im Entsafter auspressen. Den Saft durch ein feuchtes Tuch so lange filtrieren bis er klar ist. Die Zitrone auspressen und mit der Schale zugeben. Den Zucker zufügen und zu einem Sirup einkochen, die Zitronen-schalen entfernen, den Rum zugeben. In die sauberen Flaschen füllen.

Apfel – Koriander – Sirup

Zutaten:

1 kg aromatische Äpfel
½ Tl Koriandersamen, ganz
500 g brauner Zucker
10 g Zitronensäure (nach Geschmack)

Zubereitung:

Die Äpfel würfeln, nicht schälen, die Kerngehäuse mitverwenden. Den Saft auspressen, mit dem Zucker und den Koriandersamen zu einem Sirup verkochen. Die Zitronensäure zufügen, die Samen entfernen und heiß in Flaschen füllen.

Die weihnachtliche Variante:

Geben Sie noch eine Stange Zimt, 5 ganze Nelken und 1 - 2 Sternanis zum Kochen dazu, nachher dann absieben.

Aprikosensirup

Zutaten:

1 kg Aprikosen
1 kg Zucker

300 ml Wasser
1 Zimtstange
1 EL Ascorbinsäure

Zubereitung:
Die Früchte waschen, in Stücke schneiden und entkernen. In einen großen Topf geben und den Zucker darüber geben, gut verrühren. 3 Stunden lang ziehen lassen. Nun das Wasser in einen großen Topf geben, die Aprikosen - Zuckermasse und die Zimtstange zugeben. Alles unter ständigem Rühren 5 Minuten lang kochen lassen. Dann durch ein festes Tuch pressen und abfiltern. In den Sirup 1 EL Ascorbinsäure geben (verlängert die Haltbarkeit), abschmecken, heiß abfüllen und bald verbrauchen.

Berberitzensirup

Die Beeren der Berberitze haben einen hohen Vitamin-C-Gehalt (der durch das Kochen aber weitgehend zerstört wird) und wirken harntreibend (nicht bei Harnwegsentzündung verwenden!). Nach dem ersten Frost gesammelt, werden sie etwas milder im Geschmack. *Achtung:* Nur die Beeren, die Wurzel und Rinde sind verwendbar, andere Teile des Berberitzenstrauches sind giftig! Berberitzenextrakte dürfen nicht über längere Zeit eingenommen werden, da die Überdosierung gefährlich ist!

Zutaten:
500 g reife Berberitzenbeeren
700 bis 800 g Zucker
500 ml Apfelsaft (naturtrüb oder klar, ungezuckert)

Zubereitung:
Die Beeren von den Stängeln streifen. Waschen, etwas zerdrücken und dann ganz zerkochen. Den Saft anschließend durch ein Lein- oder Baumwolltuch pressen. Dabei die Kerne nicht zerdrücken, sie geben sonst einen bitteren Geschmack ab. Mit dem Apfelsaft und dem Zucker vermischen und erhitzen bis dieser ganz aufgelöst ist, abschäumen.
Den fertigen Sirup nun in die heiß ausgespülte Flasche füllen und pasteurisieren.

Birnensirup

Nach Hildegard von Bingen reinigen Birnen Magen und Darm, sollten aber nicht roh verzehrt werden. Birnensaft könne allerdings Kopfschmerzen oder Migräne auslösen.

Zutaten:
1 kg süße, saftige Birnen
800 ml Wasser

500 g Zucker
evt. 1 Zimtstange
7 bis 10 g Zitronensäure

Zubereitung:
Die Birnen waschen und vierteln, das Kerngehäuse muss nicht entfernt werden. Dann mit Wasser im Schnellkochtopf bis zum Ertönen des Drucksignals oder im Topf etwa 15 Minuten lang kochen lassen. Anschließend durchsieben durch ein feuchtes Tuch. Den Saft nun mit dem Zucker und der Zimtstange in einem Topf 5 Minuten lang zu einem Sirup einkochen. Die Zitronensäure in etwas Wasser auflösen, dem Sirup zugeben, gut durchmischen. Die Zimtstange entfernen und noch heiß abfüllen in saubere Flaschen.

Roter Birnensirup

Zutaten :
1 kg süße Birnen
600 ml Wasser
200 ml trockener Rotwein
500 g Zucker
1 Vanillestange

Zubereitung:
Die gewaschenen Birnen vierteln, das Kerngehäuse muss nicht entfernt werden. Mit dem Wasser in einem Kochtopf etwa 20 Minuten lang zu Mus kochen lassen. Durch ein Sieb oder ein feuchtes Tuch filtern. Den Rotwein zugeben, die Vanillestange aufschlitzen und alles mit dem Zucker zusammen 5 Minuten lang leicht kochen lassen. Noch heiß abfüllen in saubere Flaschen.

Brombeersirup

Die im Wald gefundenen Brombeeren sind zwar aromatischer als die Gartenbrombeere, aber durch die Gefahr der Infizierung mit dem Fuchsbandwurm raten wir vom Sammeln dort ab! Brombeeren sind leicht verdaulich, haben aber keine spezielle Heilwirkung – im Gegensatz zu den Blättern der Brombeere.

Zutaten:
400 g Brombeeren
270 g Zucker
5 g Zitronensäure
100 ml Wasser

Zubereitung:
Die Früchte von Rückständen und Blättern befreien, in eine Schüssel aus Kunststoff oder Glas geben und den Zucker sowie die Zitronensäure darüber streuen. Gut miteinander vermischen. Das Gefäß an einem kühlen Platz über Nacht zugedeckt ruhen lassen, dabei öfter umrühren. Das Wasser zugeben und die Beeren dann durch ein Tuch oder einen feinen Filter passieren. Den Saft in einen Kochtopf füllen (nur den klaren Saft umschütten, den dicklicheren Teil könnte man nun zusammen mit den Beerenrückständen zu Marmelade weiterverarbeiten), erhitzen und 5 Minuten lang leicht kochen lassen. Dabei entstehenden Schaum abschöpfen. Noch heiß in die erwärmten Flaschen füllen, verschließen und kühl aufbewahren.
Ergibt etwa 400 ml Sirup.

Brombeer – Vanille - Sirup

Zutaten:
1 Liter Brombeersaft (siehe unten)
900 g Zucker
1 Stück Zimtrinde
1 Vanilleschote

Zubereitung:
Den Brombeersaft kochen:
Die verlesenen Beeren in einen Topf geben, nur gerade mit Wasser bedecken, kurz aufkochen. Mit einem Kartoffelstößel zerstampfen, noch etwas ziehen lassen. Dann durch ein Leintuch filtern und auspressen. Den Zucker zugeben, den Zimt und die ausgekratzte Vanilleschote (und das Vanillemark) und sirupartig einkochen lassen. Die Gewürze dann entfernen, den noch heißen Sirup auf Flaschen ziehen und kühl aufbewahren, nach dem Öffnen schnell verbrauchen.

Cassissirup (Sirup aus schwarzen Johannisbeeren)

- *siehe* Johannisbeersirup

Colanuss – Sirup

Dieser Sirup hat mit dem bekannten Getränkegrundstoff aus der Industrie nicht viel gemeinsam! Die Colanuss ist gut für den Magen und wirkt anregend und leistungssteigernd durch ihren Coffeinanteil. Wir verwenden hier die ganze bzw. geschnittene, getrocknete Nuss, sie ist aber ebenso erhältlich in gemahlener Form. Wird diese benutzt, muss der Sirup durch einen Kaffeefilter von den feinen Pulverteilchen filtriert werden.

Zutaten:
50 g Colanüsse, ganz
300 g Zucker
3 Tropfen Zitronengrasöl
Wasser

Zubereitung:
Die Colanüsse über Nacht in 300 ml Wasser einweichen. Anderntags werden sie nun 2 Stunden lang bei niedriger Stufe gekocht,. Dabei öfters Wasser nachgeben, damit sie immer leicht bedeckt sind. Abgießen und abmessen. Auf 250 ml Flüssigkeit fügt man 300 g Zucker zu, das Ganze nun noch 4 Minuten kochen lassen. 3 Tropfen Zitronengrasöl (oder Zitronenöl) hineintropfen, miteinander vermischen und heiß abfüllen.

Ebereschenbeerensirup

= Vogelbeersirup
Ebereschenbeersaft (und damit in geringerem Maße auch der Sirup) wirkt blutreinigend, hilft bei Erbrechen, Husten und Heiserkeit (löffelweise einnehmen).

Zutaten:
1 kg sehr reife Ebereschenbeeren
1 L Wasser
1,2 kg Zucker

Zubereitung:
Die gewaschenen Beeren mit dem Wasser aufkochen lassen, abfiltrieren und den Sud zum Entbittern wegschütten. Nochmals mit 1 L Wasser aufkochen lassen bis die Beeren weich sind. Danach durch ein feuchtes Tuch pressen und abmessen. Auf 1 L Saft geben wir dann 1,2 kg Zucker, kochen diesen nochmals 10 Minuten lang sprudelnd auf und füllen noch heiß in die vorbereiteten Flaschen ab.

Erdbeersirup

Da Erdbeeren einen sehr hohen Anteil an Pektin haben, sollte man, um einen möglichst reinen Saft zu erhalten, sie entweder im Dampfentsafter entsaften oder mit ein paar Gramm eines in Wasser gelösten Enzympräparates (pektinhaltig) vermischen und einen halben Tag lang ziehen lassen. Genaue Mengenangaben entnehmen Sie bitte der Packungsanleitung.

Zutaten:
1 kg Erdbeeren (möglichst süße und reife Früchte)
1 kg Zucker
600 ml Wasser
1 Zitrone

Zubereitung:
Aus dem Wasser und dem Zucker einen dicklichen Sirup kochen. Die gewaschenen und von den Stielen befreiten Früchte zugeben, den Saft der Zitrone dazuschütten. Nun 5 Minuten lang kochen lassen. Noch heiß durch ein Tuch filtern, danach sofort in kleine Flaschen abfüllen, einige Tropfen Obstler oder Rum in den Flaschenhals geben, nicht mehr schütteln, dann verschließen. Kühl und dunkel lagern bis zum Verbrauch.

Erdbeer – Melissen - Sirup

Zutaten:
750 g Erdbeeren
500 g Zucker
3 Zweige frische Melisse
500 ml Wasser

Zubereitung:
Die Beeren vorsichtig waschen, trocknen und die Früchte in Stücke schneiden. 300 g Zucker darüber geben, die gewaschene Melisse grob hacken und zufügen, durchmischen und 3 Stunden lang ziehen lassen. Das Wasser mit dem restlichen Zucker zu einem Sirup kochen, dann die Früchte zugeben. Etwa 3 Minuten lang leicht kochen lassen, durch ein Sieb laufen lassen, die Beeren dabei nicht stark durchdrücken (nicht zu fest, damit der Saft klar bleibt). Den Sirup nun nochmals aufkochen, kühl lagern und bald verbrauchen.

Erdbeer – Rhabarber – Sirup

Ein erfrischendes Getränk, schmeckt aber auch sehr gut zu Desserts und Eis.

Zutaten:
600 g Erdbeeren
300 g Rhabarber
1 Limette
1 Schnapsglas Rum oder etwas Rumaroma
500 g Zucker
100 ml Wasser

Zubereitung:
Die gewaschenen und geputzten Erdbeeren in eine Schüssel aus Glas oder Kunststoff geben. Den Zucker sowie den Saft und die abgeriebenen Schale der Limette darüber schütten. Über Nacht ziehen lassen. Den Rhabarber waschen und in cm – große Stücke schneiden. Alles zusammen in einen Kochtopf geben, das Wasser zufügen und 10 Minuten lang unter Rühren leicht kochen lassen. Den Rum zugeben und abfiltern. Noch heiß in Flaschen füllen.

Hagebuttensirup

Gemeint sind die Früchte der sogenannten Hunds- oder Heckenrose. Die Hagebutten werden aufgrund der adstringierenden Wirkung der in ihnen enthaltenen Gerbsäure bei der Behandlung von Magen- und Darmbeschwerden eingesetzt, auch schon bei Hildegard von Bingen, allerdings nicht von akut kranken Personen. Sie sollen auch harntreibend sein. Wichtig ist aber vor allem der hohe Gehalt an Vitaminen, besonders des Vitamin C, bis zum zehnfachen des Vitamin-C-Gehaltes der Schwarzen Johannisbeere liefert die Hagebutte. Insofern ist dieser Sirup also (soweit das Vitamin C durch das Kochen nicht zerstört wurde) besonders in Erkältungszeiten zu empfehlen. Die Kerne haben einen vanilleartigen Geschmack und wurden in Kriegs- und Notzeiten daher oftmals als Ersatz dafür verwendet.

Tipp: die Hagebutten in ein gröberes Säckchen z.B. aus Jute geben und fest hin- und herrollen. Dadurch erleichtert man sich die Arbeit mit dem Abzwicken der Stiele und Blütenansätze.

Zutaten:
500 g reife Hagebutten
1,25 L Wasser

400 g Zucker

Zubereitung:
Die Hagebutten waschen und grob hacken, in einen Topf geben. Mit 800 ml Wasser auffüllen und 5 Minuten lang aufkochen, dann noch 30 Minuten bei niedriger Hitze leicht kochen lassen. Den Fruchtbrei lauwarm abfiltern, wieder in den zwischenzeitlich gereinigten Topf geben, das restliche Wasser dazuschütten. Nochmals 10 Minuten lang kochen lassen. Ein zweites Mal filtern und wieder in den Topf geben, einkochen lassen, bis der Saft auf etwa 0,8 L reduziert ist. Nun den Zucker einrühren und nochmals 3 Minuten lang kochen, bis sich der Zucker vollständig aufgelöst hat. Dann in kleine Flaschen abfüllen und kühl und dunkel lagern. Möglichst bald verbrauchen.

Variante 2:

Zutaten:
1 kg Hagebutten
1 L Wasser
Zucker

Zubereitung:
Die Hagebutten putzen (siehe Beschreibung oben) , dann öfters waschen bis alle losen Teilchen daran entfernt sind. Die Hagebutten dann mit dem Wasser etwa 30 Minuten bedeckt weich kochen oder:
Die Hagebutten mit dem Wasser aufkochen und dann über Nacht in eine Wärme-Kochkiste stellen, um den Vanillegeschmack der Kerne besser auszuziehen.
Dann durchfiltern, den Saft abmessen und mit dem Zucker (auf 1 L Saft 1 kg Zucker geben) zu einem Sirup einkochen, abschäumen. Noch heiß in kleine Flaschen füllen. Soll er länger haltbar sein, kann man ihn auch nach 2 Tagen nochmals bei 80 °C 15 Minuten lang pasteurisieren.

Heidelbeersirup

Dieser leckere Heidelbeersirup schmeckt nicht nur mit Wasser oder Mineralwasser aufgespritzt sehr fein, sondern auch in Joghurt, Desserts oder zum Mixen von Cocktails. Heidelbeeren stopfen bei Durchfall und wirken allgemein kräftigend. Die getrockneten Beeren (bei Bedarf 2 - 3 EL in etwas Wasser einweichen, kurz aufkochen lassen) helfen übrigens gut bei leichteren Durchfallerkrankungen mit Blähungen und Bauchschmerzen.
Achtung: nicht verwechseln mit der giftigen Rauschbeere! Diese hat auch dunkelblaue Beeren wie die Heidelbeere, aber mit grünlich - gelbem Saft!

Zutaten:

1 kg Heidelbeeren
200 ml Wasser
500 g Zucker
1 Vanilleschote
50 ml Apfelessig

Zubereitung:
Die Heidelbeeren auslesen, nicht waschen da sie sich sofort mit dem Wasser voll saugen! Mit Zucker übergießen, gut durchrühren und über Nacht in einem Steingutgefäß ruhen lassen. Am nächsten Tag in einen Kochtopf umfüllen und unter Zugabe des Wassers und der ausgekratzten Vanilleschote gleichmäßig erhitzen, bis der Zucker gelöst ist. Dabei immer vorsichtig umrühren, damit nichts anbrennt. Zerstampfen und durch ein feines Sieb pressen. Den Saft nun nochmals erhitzen und 5 Minuten lang durchkochen lassen, den Apfelessig zugeben, abschmecken und noch heiß in die vorbereiteten Flaschen füllen. Kühl und dunkel lagern.
Noch aromatischer schmeckt der Sirup, wenn er mit dem Apfelessig abgeschmeckt wird, und nicht mehr erhitzt, sondern gleich abgefüllt und bei 70 °C im Wasserbad 30 Minuten lang pasteurisiert wird.

Himbeersirup

Himbeersirup wurde früher als ausgezeichnetes Erfischungsmittel empfohlen bei Krankheiten wie Scharlach, Masern und den Blattern. Nach Hildegard von Bingen hilft der Himbeersaft morgens und abends getrunken bei Fieber, die Himbeerblätter soll man dafür in Wasser kochen und als Kompresse 1 Stunde lang auf den Magen legen.
Achtung: Die im Wald gefundenen Himbeeren sind wie auch die Brombeeren zwar aromatischer als die Gartenbeeren, aber durch die Gefahr der Infizierung mit dem Fuchsbandwurm raten wir vom Sammeln dort eher ab!

Zutaten:
1 kg reife Himbeeren
1200 g Zucker
1 Päckchen Vanillezucker

Zubereitung:
Die Früchte von Rückständen und Blättern befreien, in ein verschließbares Gefäß geben und etwas zerdrücken. Danach die Hälfte des Zuckers sowie den Vanillezucker darüber streuen. Das Gefäß an einem kühlen Platz 24 Stunden lang zugedeckt ruhen lassen, dabei öfters umrühren.
Die Beeren durch ein Tuch passieren, nicht zu fest drücken damit der Saft klar bleibt.

Den aufgefangenen Saft dann in ein Porzellan- oder Steingutgefäß nochmals einen Tag an einem kühlen Ort zum Klären stehen lassen. Nun in einen Topf abfüllen (nur den klaren Saft umschütten, den dicklicheren Teil könnte man, wenn es etwas mehr ist, nun zusammen mit den Beerenrückständen zu Marmelade weiterverarbeiten). Den restlichen Zucker zugeben und erhitzen. Einkochen, bis der Sirup eindickt, dabei entstehenden Schaum abschöpfen. Noch heiß in die angewärmten Flaschen füllen, verschließen und kühl aufbewahren.

Kaltgerührter Himbeersirup

Schmeckt besonders fruchtig und frisch. Besonders mit Sekt oder Prosecco, aber auch mit Mineralwasser eines sommerliches Geschmackshighlight.

Zutaten:
250 g Himbeeren
150 g Zucker
etwa 130 ml Wasser
¼ Tl Zitronensäure

Zubereitung:
Die verlesenen und gesäuberten Himbeeren zerdrücken. Mit 100 g Zucker gut vermischen und 1 Stunde lang stehen lassen. Danach mit dem Passierstab durchpürieren und durch ein feines Sieb drücken. Dies ergibt eine Menge von etwa 250 ml konzentriertes Himbeermus. Den restlichen Zucker zugeben und mit Wasser auf 500 ml verlängern. Die Zitronensäure zugeben und gut miteinander verrühren. In saubere Fläschchen abfüllen und im Kühlschrank aufbewahren. Innerhalb von 1 Woche verbrauchen.

Himbeer - Rotwein - Sirup

Zutaten:
1 kg reife Himbeeren
1 kg Zucker
300 ml Rotwein (trocken)

Zubereitung:
Die verlesenen Himbeeren in einen sauberen Steintopf einfüllen, mit dem Rotwein übergießen und über Nacht an einem kühlen Plätzchen ruhen lassen.
Dann die Beeren durchpassieren und nochmals 1 Tag kühl ruhen lassen. Den klaren Saft in einen Topf umfüllen. Den restlichen Zucker zugeben und erhitzen. Einkochen, bis der Sirup eindickt, dabei entstehenden Schaum abschöpfen. Noch heiß in die angewärmten Flaschen füllen, verschließen und kühl aufbewahren.

Schneller Himbeersirup

Zutaten:

500 g gefrorene Himbeeren
500 g Zucker
1 ½ Tl Zitronensäure
300 ml Wasser ca.

Zubereitung:

Die Früchte in einem Topf auftauen lassen. Danach durch ein feines Sieb pressen, bis man etwa 500 ml Saft erhält. Mit Wasser auf 700 ml verlängern. Den Zucker zugeben und zum Kochen bringen. Nun 2 bis 3 Minuten lang leicht kochen lassen. Die Zitronensäure in etwas warmem Wasser auflösen und zugeben. In saubere Fläschchen füllen, verschließen und kühl und dunkel aufbewahren. Angebrochene Flaschen schnell verbrauchen. Ergibt etwa 1 L Sirup.

Holunderbeersirup

Holunderbeersaft hilft gut als heißes Getränk bei Erkältungen und Husten und stärkt die Widerstandkräfte, wirkt leicht verdauungsanregend, färbt den Stuhl!
Bitte nur vollreife Beerendolden verwenden!

Achtung: Nur gekocht, nie roh verzehren, kann sonst zu Durchfall und Übelkeit mit Erbrechen führen. Die Kernchen der Beeren müssen bei der Verarbeitung entfernt werden, sie sind schwach giftig, ebenso alle grünen Teile des Strauches.

Variante 1:

Zutaten:

1500 g reife schwarze Holunderbeeren
1 kg Zucker

Zubereitung:

Aus den Beeren Saft bereiten (mit etwas Wasser im Schnellkochtopf bis zum Ertönen des Drucksignals oder im Elektro-Entsafter), diesen filtrieren und mit dem Zucker in einen Topf geben. Das Ganze dann etwa 5 – 10 Minuten lang einkochen und auf Flaschen ziehen.

Variante 2:

Zutaten:

1 kg schwarze Holunderbeeren

1 kg Zucker
1 Zimtstange (nach Geschmack)
evt. 10 g Zitronensäure

Zubereitung:
Die Beeren von den Stängeln abzupfen und mit einer Gabel etwas zerdrücken . Mit 2 Tassen Zucker zusammen in einen Steingut- oder Glastopf geben, gut durchrühren und zugedeckt 2 Tage lang an einem kühlen Ort ziehen lassen. Öfters umrühren. Dann durch ein Tuch filtrieren und den Saft auffangen, nicht zu fest pressen damit er klar bleibt. Dann zusammen mit dem restlichen Zucker und nach Geschmack mit 1 Zimtstange zusammen einkochen lassen bis er dickflüssig wird. Den Zimt entfernen und noch heiß auf Flaschen ziehen, kühl lagern.

Variante 3:
Zutaten:
1 L schwarzer Holunderbeersaft (im Entsafter gekocht)
1 kg Zucker
2 unbehandelte Zitronen
1 unbehandelte Orange

Zubereitung:
Den Saft zusammen mit dem Zucker, dem Saft und der abgeriebenen Schale der Zitrusfrüchte in einem Topf zu einem Sirup einkochen, die Schalen abseihen und noch heiß abfüllen, kühl lagern.

Holunderbeersirup des roten Holunders

Zutaten:
1 kg reife rote Holunderbeeren
Wasser
Zucker

Zubereitung:
Die Beeren abzupfen, in eine Glas- oder Porzellanschüssel geben, mit 250 g Zucker überstreuen und mit einem Stößel etwas zerquetschen. An einem kühlen Ort über Nacht ruhen lassen. Am nächsten Tag mit etwas Wasser (etwa 300ml) aufkochen und durch ein Sieb schütten, den Rückstand abpressen. Nochmals aufkochen, den restlichen Zucker zugeben (auf 500 ml Saft 500 g Zucker), zu einem Sirup einkochen (30 bis 50 Minuten, kleine Stufe). Abschäumen und noch heiß abfüllen und kühl aufbewahren.

Honiggetränk

Zutaten:
250 g Honig
2 Zitronen
1 Orange

Zubereitung:
Den Honig mit dem Saft der ausgepressten Zitrusfrüchte vermischen.
Zum Trinken dann mit Wasser mischen nach Geschmack und solange rühren, bis der Honig sich vollkommen gelöst hat.
Begrenzte Haltbarkeit!

Johannisbeersirup

Nach Hildegard von Bingen schützt die schwarze Johannisbeere vor Gicht, Rheuma, Parkinson und der Alzheimer Krankheit. Allerdings sollte sie mit anderen Früchten gemischt werden um ihren Nutzwert zu steigern. Sie wird auch gegen Wassersucht und bei der Behandlung von Ödemen empfohlen.
Die Kombination von Johannisbeersaft mit Zitronensaft und Zimt soll die Konzentration steigern und das ermüdete Gehirn erfrischen.
Die rote Johannisbeere wird bei Fieber, Verstopfung und Darmentzündung verwendet.
Da Johannisbeeren wie Erdbeeren einen sehr hohen Anteil an Pektin haben und daher leicht gelieren, sollte man, um einen möglichst reinen Saft zu erhalten, sie entweder im Dampfentsafter entsaften oder mit ein paar Gramm eines in Wasser gelösten Enzympräparates (sog. „Pektinex“, „Pektinol“ o.ä.) vermischen und einen halben Tag lang ziehen lassen. Genaue Mengenangaben entnimmt man der Packungsanleitung.

Zutaten:
1 kg Johannisbeeren (rote und weiße, auch gemischt, oder schwarze)
1 kg Zucker
1 Zimtstange
Saft 1 Zitrone
5 Gewürznelken

Zubereitung:
Die gut gewaschenen Beeren in einen Topf geben, etwas Wasser zugeben und 30 Minuten lang leicht kochen lassen. Den Sud durch ein Sieb schütten und den Trester fest auspressen. Den erhaltenen Saft nochmals durch ein etwas feineres Sieb in den Topf

umschütten, den Zucker hinzufügen, die Gewürze zugeben (sie entziehen dem Sirup Säure) und 10 Minuten lang bei wenig Hitze eindicken lassen.
Achtung, geliert leicht, dann nochmals Wasser zugeben! Wenn der Sirup etwas dickflüssig ist, die Gewürze entfernen und noch heiß auf Flaschen ziehen.

Johannisbeer – Kirsch – Sirup

Zutaten:
1 kg rote oder schwarze Johannisbeeren
1 kg aromatische Kirschen
1,5 kg Zucker
10 g Zitronensäure

Zutaten:
Die Früchte waschen und säubern. Die Kirschen entsteinen. Alle zusammen in eine Schüssel geben und mit dem Zucker und der Zitronensäure vermischt über Nacht ruhen lassen. Dann die Fruchtmasse durch ein Sieb filtern, den Saft im Kochtopf 5 Minuten lang sprudelnd kochen lassen und heiß abfüllen. Aus dem Fruchtrückstand lässt sich gut mit Gelierzucker und etwas Wasser verlängert eine Konfitüre kochen.

Jostabeersirup

Jostabeeren sind eine Kreuzung aus der Johannisbeere und der Stachelbeere
Zutaten:
1 kg Jostabeeren
1 L Wasser
1,5 kg Zucker
Zubereitung:
Die Beeren sorgfältig waschen, in einen Topf geben und mit Wasser bedeckt 1,5 Stunden lang sanft kochen lassen. Durch ein feuchtes Tuch filtern, den Trester auspressen. Den erhaltenen Saft mit 500 g Zucker nochmals 1 Stunde lang leicht kochen lassen. Über Nacht zugedeckt ruhen lassen. An den beiden folgenden Tagen nochmals mit je 500 g Zucker wieder jeweils 1 Stunde lang kochen lassen, am dritten Tag dann solange kochen lassen bis ein schöner Sirup entstanden ist. Diesen noch heiß in Flaschen füllen.

Kirschsirup

Kirschen sollen nach Hildegard von Bingen nur die Gesunden essen, wer man nach ihrem Genuss Bauchschmerzen bekommt, soll ein Glas Wein trinken.

Zutaten:
3 kg Kirschen (Süßkirsche, Wildkirsche oder Weichsel)
500 ml Wasser
Zucker
1 Stange Zimt (nach Belieben)
5 – 10 g Zitronensäure

Zubereitung:
Die gewaschenen Früchte und die gebrochene Zimtstange mit wenig Wasser aufsetzen und etwa 25 Minuten lang weich kochen. Nun die Kirschen mit einem Stößel oder Schöpflöffel zerdrücken (ohne die Kerne zu brechen) und durch ein Sieb Tuch pressen. Den erhaltenen Saft abmessen und mit dem Zucker (auf 1 L Saft 1 kg Zucker geben) nochmals aufkochen lassen, mit der Zitronensäure abschmecken und in Flaschen füllen.

Kirsch – Rotwein – Sirup

Zutaten:
500 g süße Kirschen
500 g Zucker
150 ml Rotwein
1 Zimtstange
2 Gewürznelken
1 Lorbeerblatt
1 Limone

Zubereitung:
Die Kirschen waschen und in einen Kochtopf geben. Mit dem Rotwein, Zucker und den Gewürzen 1 Stunde lang ziehen lassen. Dann unter Rühren 10 Minuten lang kochen

lassen. Durchfiltern und heiß abfüllen.

Kiwisirup

Zutaten:
3 Kiwi (zusammen etwa 200 g)
200 g Zucker
50 ml Limettensaft
150 ml Wasser

Zubereitung:
Die Kiwifrüchte schälen und in Stücke schneiden. In eine Kunststoffschüssel geben und mit dem Zucker gut vermischen. Eine Stunde lang durchziehen lassen, dabei immer wieder durchrühren. Mit dem Wasser pürieren. Durch ein Sieb in einen Kochtopf schütten und den Limettensaft zufügen. Zum Kochen bringen und 3 Minuten lang eindicken lassen. Heiß abfüllen und bald verbrauchen.

Kornelkirschensirup

Kornelkirschen verfügen als Wildpflanze über starke Heilkräfte, nach Hildegard von Bingen reinigen sie das Blut und stärkt sowohl einen gesunden als auch einen kranken Magen und fördern dadurch indirekt die Abwehrkraft.
ACHTUNG: die wildwachsende Kornelkirsche steht unter Naturschutz, daher nur die Früchte von Kulturpflanzen verwenden!

Zutaten:
1,5 kg reife Kornelkirschen
500 ml Wasser
1 kg Zucker
1 Vanillestange oder
3 Tütchen Vanillezucker

Zubereitung:
Die Kirschen waschen, in eine Schüssel geben und mit einem Kochlöffel oder hölzernen Stößel anquetschen. Das kochende Wasser darüber schütten so dass die Früchte gerade bedeckt sind. Mit einem Brettchen beschweren und über Nacht ruhen lassen, dann den Saft abgießen ,aufkochen und nochmals darüber gießen. Nochmals 12 Stunden ruhen lassen. Den Saft nun absieben (wenn die Ausbeute noch zu gering ist und noch viel Fruchtfleisch im Mus ist, nochmals mit etwas Saft aufkochen und wieder durchpassieren) und mit dem Zucker und der aufgeschlitzten Vanillestange (oder dem Vanillezucker) zu einem Sirup einkochen. Noch heiß in saubere Flaschen abfüllen und kühl lagern.

Kornelkirschsirup mit Wein

Zutaten:

1 kg reife Kornelkirschen
300 ml Wasser
300 ml trockener Weißwein
600 g Zucker
1 Vanillestange
½ Zimtstange

Zubereitung:

Die Kirschen waschen, die Stiele entfernen, entsteinen und zusammen mit dem Zucker in einen Steinguttopf geben und über Nacht ruhen lassen, dabei mit einem Brettchen beschweren. Am nächsten Tag dann das Wasser, die aufgeschlitzte Vanillestange und den Zimt zugeben und alles etwa 30 Minuten lang dick einkochen lassen und abschäumen. Den Wein zugeben, nochmals 5 Minuten lang aufwallen lassen. Durch ein Sieb schütten, dabei die Kirschen gut durchpressen. Den Sirup nochmals bis vor den Siedepunkt erhitzen, noch heiß in Flaschen füllen und kühl lagern.

Kumquatsirup

Zutaten:

300 g Kumquats (Miniorangen)
300 g Zucker
300 ml Wasser

Zubereitung:

Die Kumquats waschen und schneiden. Mit dem Zucker in einer Kunststoffschüssel vermischen und 6 Stunden lang ziehen lassen. Dabei immer wieder umrühren. In einen Kochtopf geben und das Wasser zufügen. 3 Minuten lang aufkochen lassen und durchseihen, heiß abfüllen. Eventuell etwas gelöste Zitronensäure zugeben.

Limonensirup
- *siehe* Zitronensirup

Mandarinensirup
- *siehe* Orangensirup

Mangosirup
schmeckt herrlich über Eis, Desserts oder mit Sekt genossen. Auch Sorbets lassen sich mit diesem Sirup bereiten

Zutaten:
1 vollreife Mango
1 Limone
250 g Zucker

Zubereitung:
Die Mango schälen, dabei eventuelle Druckstelle entfernen. In Stücke schneiden, den Kern mit dem Messer abschaben. In eine Schüssel geben und den Zucker und den Saft der Limone zugeben. Gut durchrühren. 6 Stunden lang ziehen lassen, dabei immer wieder durchmischen. Durch ein feines Sieb oder besser Tuch passieren und in 1 Fläschchen abfüllen (ca. 300 ml). Im Wasserbad pasteurisieren bei 80 °C für 5 Minuten.
Tipp: für einen beruhigenden und schlaffördernden Effekt der Mango noch 1 El Orangenblüten zugeben und dann die 6 Stunden ziehen lassen.

Maulbeersirup
- *siehe auch* bei Kräuterhonig nach Maulbeersirup nach Hildegard von Bingen bei Leberleiden

Zutaten:
1 kg sehr reife Maulbeeren
Wasser
Zucker

Zubereitung:
Die Maulbeeren gut verlesen und vorsichtig waschen. In einen Steinguttopf geben und diesen in ein Wasserbad stellen. Nun das Ganze mehrere Stunden lang langsam

zerkochen lassen, bis sich der Saft im Topf sammelt.
Abgießen und die Beeren durch ein Sieb filtrieren. Auf 1L Saft kommt 1kg Zucker, die man zusammen in einem Topf auf Sirupstärke einkochen lässt. Noch heiß abfüllen und kühl lagern.

Melonen – Erdbeer – Sirup

Zutaten:

500 g Zuckermelone (bereits geputzt gewogen)
500 g Erdbeeren (geputzt gewogen)
1 Limone
1 Zweig Melisse
700 g Zucker

Zubereitung:

Die Früchte mit dem Zucker in einer Schüssel vermischen. Die Melisse grob hacken und zugeben, ebenfalls den Saft und die abgeriebene Schale der Limone. Gut miteinander verrühren und 3 Stunden lang ruhen lassen. Den Saft abfiltern und abmessen und bei Bedarf auf 1 L mit etwas Wasser verlängern. In einen Kochtopf geben und bei niedriger Hitze zum Kochen bringen, 3 Minuten lang unter Rühren leicht kochen lassen, heiß abfüllen.

Mirabellensirup

Zutaten:

1,5 kg Mirabellen
500 ml Wasser
2 kg Zucker
1 Vanillestange
7 g Zitronensäure (zur Haltbarmachung)

Zubereitung:

Die Mirabellen waschen und mit dem Wasser im Topf etwa 30 Minuten lang weich kochen, dann durch ein feuchtes Tuch oder feines Sieb pressen.
Mit dem Zucker und der aufgeschlitzten Vanillestange unter Rühren zu einem Sirup einkochen. Die Zitronensäure in etwas Wasser auflösen und zufügen, noch heiß in die Flaschen füllen, kühl lagern.

Orangensirup

Zutaten:

6 unbehandelte Orangen
1,5 kg Zucker
500 g Würfelzucker
1 L Wasser
20 g Zitronensäure

Zubereitung:

Die Orangen abwaschen, trocknen und mit dem Würfelzucker fest abreiben. In einen Steinguttopf füllen. Die Orangen auspressen und den Saft dazugeben. Den übrigen Zucker mit dem Wasser zu einem Sirup kochen und dazugießen, kräftig durchmischen! Den Sirup nun zugedeckt 24 Stunden lang an einem kühlen Ort ruhen lassen. Die Zitronensäure in 75 ml heißem Wasser auflösen und dazugeben, das Ganze nochmals weitere 3 Tage kühl stehen lassen, dabei öfter umrühren. Durch ein Tuch filtern und auf Flaschen ziehen, kühl lagern.

Die Menge der zugegebenen Zitronensäure verlängert die Haltbarkeit und verändert den Geschmack, insofern sollte man abschmecken und eventuell nachsäuern oder nachzuckern.

„Flambierter" Orangensirup

Zutaten:

10 unbehandelte Orangen
1,75 kg Zucker
15-30 g Zitronensäure
Wasser

Zubereitung:

Die Orangen waschen und fest abtrocknen, die Schale dann dünn in möglichst lange Streifen abschälen, aber ohne die weiße Haut! Diese dann beiseite stellen. Nun die weiße Haut von den Orangen entfernen (ist bitter!) und das Fruchtfleisch in größere Stücke schneiden. In einen Topf geben und mit Wasser bedecken. Dann auskochen, bis der Saft aus den Orangen „herausgekocht" ist. Dann durch ein angefeuchtetes Tuch pressen, fest auswringen. Den Saft wieder zum Kochen bringen, mit dem Zucker aufgießen, bis er eindickt. Die dünn abgeschälte Orangenschale über den Sirup halten und anzünden(!). Dadurch wird das in den Schalen enthaltene ätherische Öl frei. Dieses in den Sirup einrühren und noch heiß in die Flaschen füllen.

Schneller Blutorangensirup

Zutaten:

1 L frisch gepresster Blutorangensaft oder Direktsaft
1 kg Zucker
5 g Zitronensäure

Zubereitung:

Den Saft mit dem Zucker und der Zitronensäure verrühren und langsam zum Kochen bringen. Gut rühren und etwa 3 Minuten lang bei niedriger Hitze kochen lassen. Heiß abfüllen. Kühl lagern und bald verbrauchen.

Pfirsichsirup

Zutaten:

1500 g reife Pfirsiche
1200 ml Wasser
15 g Zitronensäure
1500 g Zucker

Zubereitung:

Die Pfirsiche waschen und entsteinen, in Stücke schneiden und mit etwas Wasser zu einem Brei kochen. Diesen durch ein Tuch passieren und mit dem Wasser, Zucker und der Zitronensäure nochmals 5 Minuten lang kochen lassen und abschäumen. Sofort in Flaschen füllen und kühl aufbewahren.
Schmeckt sehr gut mit eisgekühltem schwarzen Tee!

Pfirsich – Safran – Sirup

Zutaten:

1 kg reife Pfirsiche
300 ml Wasser
650 g Zucker
1 Limette
100 ml Rotwein
½ Döschen Safran
etwas Pfeffer

Zubereitung:

Die Pfirsiche waschen, schälen, entkernen und in Stücke schneiden. Mit dem Zucker, dem Wasser und dem Rotwein in einen Kochtopf geben und langsam zum Kochen bringen. Nun 20 Minuten lang leicht unter Rühren weich kochen lassen. Durchfiltern und abmessen. Den Saft der Limette zugeben und den Safran. Nochmals aufkochen und heiß abfüllen.

Pistazien – Kardamom – Sirup

Eignet sich besonders gut zur Bereitung von Milchgetränken (heiß und kalt), über Eis, Desserts und zur Weiterverarbeitung zum Likör. Bald verbrauchen und kühl aufbewahren!

Zutaten:
50 g Pistazien, nicht gesalzen und nicht geröstet
300 g Zucker
2 Msp gem. Kardamom
350 ml Wasser

Zubereitung:
Die Pistazien in einer Pfanne kurz anrösten. Vom Herd nehmen und 200 ml Wasser zugeben. Über Nacht einweichen lassen. Die restlichen 150 ml Wasser zugeben und 2 Stunden lang auf niedriger Stufe leicht kochen lassen. Mit dem Passierstab pürieren und abmessen. Gegebenenfalls verlängern mit Wasser auf 250 ml Flüssigkeit. Den Zucker und den Kardamom zugeben. Nochmals 5 Minuten lang leicht kochen lassen (kocht leicht über!). Nun durch ein feines Sieb filtern und heiß abfüllen. Das Pistazienmus lässt sich für Desserts oder Kochen (gleich) weiterverarbeiten. Ergibt etwa 300 ml Sirup.

Preiselbeersirup

Zutaten:
1 kg Preiselbeeren
300 ml Wasser
1 kg Zucker

Zubereitung:
Die gewaschenen Beeren in dem Wasser weich kochen, mit dem Stößel zerquetschen und durch ein feuchtes Tuch pressen. Den Saft auffangen, mit dem Zucker verrühren, aufkochen, bis der Zucker ganz gelöst ist und der Saft eindickt. Noch heiß abfüllen.

Rhabarbersirup

Dieser Rhabarbersirup verfügt immer noch über einen guten Anteil Restsäure, daher sollte er in Maßen getrunken werden, als Dessertzugabe z.B. zu Puddings oder Mousse au Chocolat übrigens sehr zu empfehlen!
Bei den gesundheitlichen Wirkungen bitte unter Kräutersirup nachsehen!

Zutaten:
1,25 kg rote Rhabarberstangen
1,8 kg Zucker
700 ml Wasser

Zubereitung:
Im Schnellkochtopf bis zum Ertönen des Drucksignals oder im Kochtopf 2 Stunden lang den in Stücke geschnittenen, gewaschenen Rhabarber kochen lassen. Den Saft durch ein feuchtes Tuch filtern, abpressen, mit 1 kg Zucker in einen Topf geben und unter ständigem Rühren 30 Minuten lang kochen lassen, bis er reduziert. Den Topf abdecken und bis zum nächsten Tag stehen lassen. 500 g Zucker zugeben und kochen lassen, abdecken, ruhen. Nochmals mit weiteren 500 g Zucker so lange reduzieren, bis ein schöner, dickflüssiger Sirup entstanden ist. Abschäumen und noch heiß in die Flaschen füllen.

Sanddornsirup

Sanddornbeeren haben einen sehr hohen Gehalt an Vitamin C, wobei leider ein Teil durch das Kochen verloren geht.

Zutaten:
1 kg Sanddornfrüchte
Zucker

Zubereitung:
Die sauberen Beeren im Entsafter auspressen oder mit wenig Wasser im Schnellkochtopf entsaften, bis zum Ertönen des Signals. Den Saft durchfiltern. Auf 500 g Saft gibt man nun 600 g Zucker und erhitzt ihn, bis der Zucker aufgelöst ist. Nur kurz aufkochen lassen und noch heiß in die Flaschen füllen.

Schisandra – Sirup

Da bei uns meist nur die getrockneten Früchte der *Schisandra chinensis* oder *grandiflora* erhältlich sind, werden diese auch hier verwendet. Die auch als Wu Wei Zi bekannte Frucht ist ein beliebtes Vitalitätsmittel sein und soll gegen Stress helfen.
Allerdings ist der Geschmack gewöhnungsbedürftig, erinnert etwas an Vanille.

Zutaten:
50 g getrocknete Schisandra
250 ml Wasser
250 g Zucker

Zubereitung:
Die Früchte über Nacht im Wasser einweichen. Am nächsten Tag zusammen mit dem Zucker aufkochen und 5 Minuten lang unter Rühren kochen lassen. Mit dem Pürierstab kurz pürieren, dann durch ein Sieb geben und abfüllen.

Schlehensirup

Die herbsauren Früchte des Schlehdorns verlieren nach der ersten Frostnacht einen guten Teil ihrer Säure und werden milder, darum nicht vorher sammeln, oder über Nacht in das Gefrierfach geben.
Schlehensirup eignet sich gespritzt mit Mineralwasser als Getränk, aber passt auch gut zu Desserts, Mehlspeisen und Sorbet.

Zutaten:
1500 g Schlehen (nach dem 1. Frost geerntet!)
750 ml Wasser
750 g Zucker
1 Msp. gemahlene Nelken
1 Zimtstange

Zubereitung:
Die Schlehen gut waschen, Verunreinigungen entfernen. In einen Topf geben und mit dem Wasser an einem kühlen Ort 24 Stunden lang ruhen lassen. Dann die Flüssigkeit mit der zerbrochenen Zimtstange in einen Kochtopf abgießen und aufkochen, über die Früchte gießen. Noch zweimal wiederholen. Dann die Nelken zufügen und das gesamte Mus mit dem Saft, den Nelken und dem Zucker 10 Minuten lang leicht kochen lassen, abschäumen, den Saft absieben und noch heiß in Flasche füllen.

Schlehensirup mit Vanille

Zutaten:

1 kg Schlehen
300 g Äpfel
900 g Zucker
400 ml Wasser
2 Vanillestangen
nach Geschmack 1 Teelöffel gemahlener Anis

Zubereitung:

Die Schlehen gut waschen, Verunreinigungen entfernen. In einen Topf geben und mit dem Wasser an einem kühlen Ort 24 Stunden lang ruhen lassen. Dann das Wasser wegschütten und die Früchte mit den in Stücke geschnittenen Äpfeln, den aufgeschlitzten Vanillestangen, 400 g Zucker und 200 ml Wasser aufkochen lassen. Etwa 30 Minuten lang zugedeckt bei kleiner Flamme ziehen lassen. Öfter umrühren, damit das Mus nicht anbrennt. Die Schlehen mit dem Kochlöffel grob zerdrücken und das Ganze dann durch ein sauberes, feuchtes Tuch filtern. Den aufgefangenen Saft zusammen mit dem restlichen Zucker zu einem Sirup einkochen, abschäumen und noch heiß in Flaschen füllen.

Stachelbeersirup

Zutaten:

2 kg rote reife Stachelbeeren
2 kg Zucker
600 ml Wasser

Zubereitung:

Die Früchte waschen, mit dem Wasser in einem Topf gut zerkochen lassen. Durch ein einem feuchtes Tuch passieren, nicht drücken, um nur den klaren Saft zu erhalten. Diesen nun mit dem Zucker zu einem Sirup einkochen lassen und abschäumen. Noch sehr heiß in Flaschen abfüllen oder auch bei 60 Grad etwa 30 Minuten lang pasteurisieren, dann kühl lagern.

Traubensirup

Zutaten:

300 ml roter Traubensaft, ungezuckert (bio)
150 g Zucker
3 g Zitronensäure

Zubereitung:
Den Traubensaft mit Zitronensäure und Zucker in einen Kochtopf geben. Unter Rühren zu Kochen bringen. 10 Minuten lang leicht einkochen lassen und heiß abfüllen.

Walderdbeersirup
Sirup aus Walderdbeeren (also die kleinen, aromatischen, wildwachsenden Mini - Erdbeeren) schmeckt viel aromatischer, aber auch etwas bitterer als aus Gartenerdbeeren. Er macht sich sehr gut zum Mixen von Cocktails, zur Eisherstellung , und für Desserts.

Zutaten:
700 g Walderdbeeren
150 ml Wasser
1 EL Vanillezucker (mit echter Vanille)
600 g Zucker
5 g Zitronensäure

Zubereitung:
Die sauberen Walderdbeeren mit dem Zucker in ein Glas geben und 24 Stunden lang ziehen lassen, gelegentlich umrühren. In einen Topf umfüllen, mit dem Wasser 5 Minuten lang kochen lassen. Die aufgelöste Zitronensäure zugeben (abschmecken!). Durch ein Sieb filtern, nochmals kurz erhitzen bis zum Siedepunkt, dann abschäumen und noch heiß abfüllen.

Walnuss – Sirup
Dieser leckere Sirup schmeckt hervorragend zu Vanille – Eis und Nachspeisen sowie über den sogenannten „French Toast“ und eignet sich zum Mixen von Cocktails oder Getränken. Die Walnüsse nach dem Auskochen nicht wegwerfen, sie schmecken fast kandiert und schmecken hervorragend einfach zum Knabbern oder zu dem bereits genannten Eis.

Zutaten:
50 g Walnüsse, getrocknet, in Bio – Qualität
200 g Zucker
250 ml Wasser

Zubereitung:
Die Walnüsse kurz abwaschen und trocknen lassen. In einer unbeschichteten Pfanne etwa 3 Minuten lang anrösten. Danach in 250 ml Wasser 5 Minuten lang kochen lassen.

In diesen bitteren Sud gibt man nun den Zucker und lässt das Ganze nochmals 3 Minuten lang kochen. Danach durch ein Sieb filtern und heiß abfüllen.
Ergibt 250 ml Sirup

Walnuss – Würzhonig
Passt gut zu schwarzem Tee, Punsch, Cocktails und Desserts oder lässt sich zu einem feinen Likör weiterverarbeiten

Zutaten:
50 g Walnüsse, getrocknet, in Bio – Qualität
250 g Waldhonig
250 ml Wasser
1 Stange Zimt
5 Gewürznelken
1 Vanillestange

Zubereitung:
Die Walnüsse kurz abwaschen. Wieder 3 Minuten lang die getrockneten Nüsse in einer Pfanne anrösten. Mit dem Zimt, Nelken und der aufgeschlitzten Vanillestange in 250 ml Wasser 5 Minuten lang kochen lassen. Den Honig hineingeben das Ganze nochmals 3 Minuten lang kochen lassen. Danach durch ein Sieb filtern und heiß abfüllen.

Zitronensirup
Zutaten:
8 Zitronen
2,5 kg Zucker
2 LWasser

Zubereitung:
Den Zucker mit dem Wasser zu einem einkochen und abschäumen. Die Zitronen gut waschen und abtrocknen, die Schale dünn abschälen (ohne die weiße Haut!). Die Schalen mit der Zuckerlösung in einen Steinguttopf oder in ein großes Glas geben und 2 Tage lang kühl stellen. Die abgeschälten Zitronen in Klarsichtfolie eingewickelt in der Zwischenzeit im Kühlschrank aufbewahren. Dann die Zitronen auspressen, den Saft filtern, um ihn vom Fruchtfleisch zu befreien. Den Sirup ebenfalls filtern, und beides zusammenschütten. Gut verrühren und auf Flaschen ziehen. Kühl aufbewahren
Begrenzte Haltbarkeit! Schmeckt auch gut als Eiswürfeln eingefroren, mit Mineralwasser übergießen, ergibt eine schöne fruchtige Limonade.

Zwetschgensirup

Bei Zwetschgen sollte beachtet werden, dass sie (vor allem nüchtern eingenommen) eine abführende Wirkung haben, sie fördern die Verdauung und regen den Appetit an. Meist wird dies bei der Einnahme von Dörrzwetschgen oder -pflaumen ausgenutzt.

Zutaten:
2 kg Zwetschgen
1500 ml Wasser
1 Zimtstange
2 kg Zucker

Zubereitung:
Die Zwetschgen waschen und mit dem Wasser in einem Topf gut aufkochen bis die Früchte breiig sind (evt. auch im Schellkochtopf bis zum Drucksignal kochen lassen). Den Obstbrei durch ein Tuch filtern und auspressen. Mit dem Zucker etwa 5 Minuten lang unter Zugabe der Zimtstange zu einem Sirup kochen lassen. Den Zimt entfernen und abschäumen, auf Flaschen ziehen und bei 60 Grad 30 Minuten lang pasteurisieren lassen, dann kühl und dunkel lagern.

2. Blütensirup

Akazienblütensirup

Hier verwenden wir die Blüten der *Robinia pseudoacacia*, auch Falsche Akazie oder Scheinakazie genannt. Sie wächst gerne am Waldrand oder Straßenrändern, wobei wir selbstverständlich möglichst nur dort sammeln, wo kein Verkehr herrscht.

Zutaten:
15 bis 20 Akazienblütendolden
400 g Kristallzucker
250 g Wasser
70 g Weinsteinsäure (Apotheke)
1 ungespritzte Zitrone in Scheiben geschnitten
20 g Zitronensäure
1 großes Einmachglas oder 1 weithalsige Flasche

Zubereitung:
Die Blüten von den Stängeln rupfen und in die Flasche geben.
Zucker, Wasser, Weinsteinsäure und die Zitronenscheiben darauf schütten. 2 Wochen lang an der Sonne ziehen lassen, dann kosten. Alles durch ein Tuch seihen. In eine saubere Flasche geben und kühl und dunkel aufbewahren.

Fliederblütensirup

Die Blüten des Flieders werden am besten abends geschnitten, denn da entfalten sie ihren intensivsten Duft. Verwendet wird dieser intensive Frühlingssirup als Erfrischungsgetränk mit Mineralwasser, als Aperitif mit Sekt aber auch zur Herstellung von Desserts oder Eis.

Zutaten:
10 frisch geschnittene Fliederblütendolden
1 L Wasser
1 kg Zucker
1 Limette
1 Vanillestange
10 g Zitronensäure

Zubereitung:
Die Blüten von eventuellen „Gästen“ befreien, aber nicht waschen. Alles Grün oder Holz entfernen. Aus dem Wasser, dem Zucker und der aufgeschlitzten Vanillestange einen

Sirup kochen. Die Limette in Scheiben schneiden. Die Blüten und die Limette in den noch warmen, aber nicht mehr heißen Sirup geben und 3 Tage lang an einem kühlen Ort ruhen lassen. Danach durchseihen und ganz kurz noch einmal zur Verlängerung der Haltbarkeit erhitzen und heiß abfüllen. Wird der Sirup sofort verbraucht, kann dies auch wegfallen, dann ist das Aroma noch besser.

Gänseblümchensirup

Gänseblümchen regen den Stoffwechsel an und eignen sich daher besonders gut bei der Frühjahrskur.

Zutaten:
1 Handvoll ganze Gänseblümchen (ca. 200 g)
500 ml Wasser
400 g weißer Kandiszucker
evt. ½ Tl Zitronensäure (verändert die Farbe des Sirups)

Zubereitung:
Die sauberen Gänseblümchen mit dem kochenden Wasser überbrühen, 10 Minuten lang ziehen lassen. Abgießen und leicht auspressen, den gewonnenen Saft mit dem Kandiszucker zu einem Sirup kochen lassen, evt. zur Haltbarmachung noch die in Wasser aufgelöste Zitronensäure dazugeben und noch heiß abfüllen in Fläschchen.

Hagebuttenblütensirup

Zutaten:
100 g Hagebuttenblüten = Blütenblätter der Hundsrose
200 g Zucker
400 ml Wasser
150 g Honig (Akazienblütenhonig z.B. passt gut dazu)

Zubereitung:
Die sauberen Blütenblätter mit dem Zucker in ein Gefäß geben, diese mit dem kochenden Wasser überbrühen und umrühren, bis der Zucker sich gelöst hat. Abkühlen lassen und über Nacht ziehen lassen. Danach abseihen, die Blätter dabei gut auspressen. Nochmals aufkochen, dann vom Herd nehmen. Noch lauwarm mit dem Honig vermischen und in Flaschen füllen. Bald verbrauchen!

Holunderblütensirup

Holunderblütensirup schmeckt nach Frühling ! Man gießt ihn mit Mineralwasser oder auch die Erwachsenen-Variante mit Sekt oder Prosecco auf. Auch als leichter Schlaftrunk (1-2 EL mit heißer Milch aufgießen) gerne genommen.
Es können Rückstände von Blütenstaub enthalten sein, die aber bei diesem Naturprodukt nicht stören sollten. Bei Verwendung von frischer Zitrone (ebenso wie bei Rohzucker) muss darauf geachtet werden, dass sich leichter Schimmel bildet als nur bei Zitronensäure. Holunderblüten wirken schweißtreibend, bei Erkältung, Fieber oder drohender Erkältung ein erwünschter Effekt.

Variante 1:

Zutaten:

15 Blütendolden
800 g Zucker
1 unbehandelte Zitrone
10 g Zitronensäure
500 ml Wasser

Zubereitung:

Die Blüten von evt. Käferchen etc. abschütteln (nicht waschen) und mit dem Zucker, der Zitronensäure und der in Scheiben geschnittenen Zitrone (vorher abwaschen) in ein feuerfestes Gefäß geben. Das Wasser kochen lassen und ebenfalls in den Topf gießen, dann alles gut durchrühren bis sich der Zucker ganz aufgelöst hat. Nun zugedeckt 4 Tage lang an der Kühle (evt. im Kühlschrank) stehen lassen, öfters umrühren. Dann gut filtrieren und in saubere Flaschen abfüllen, kühl und dunkel lagern.

Variante 2:

Zutaten:

etwa 5 - 7 Holunderblütendolden (je nach Größe)
½ L Wasser
1 Zitrone
10 g Zitronensäure
500 g Zucker
200 g Traubenzucker

Zubereitung:

Die Blütendolden gut reinigen aber nicht waschen, die dickeren Stängel abschneiden. In einen Topf geben und mit dem Wasser erhitzen. Etwa 2 Minuten lang aufwallen lassen, dann in einen anderen Topf umfiltrieren. Nun den Saft der Zitrone auspressen und zufügen, den Zucker und Traubenzucker hineingeben und wieder aufkochen lassen. Auf kleiner Stufe nun solange leicht kochen lassen, bis er auf etwa die Hälfte reduziert ist, (dauert etwa 1 Stunde) dann noch heiß in die gut gespülte Flasche füllen und verschließen. Kühl lagern.

Variante 3:

Zutaten:

12 Holunderblütendolden
1 L Wasser
1 kg Zucker
15 g Zitronensäure

Zubereitung:

Aus dem Wasser und dem Zucker in einem Topf einen Sirup kochen (ca. 30 Minuten). Von den gereinigten Blüten die Stile abschneiden, die Blüten dann in ein hitzebeständiges Gefäß geben, den Sirup darüber schütten und 24 Stunden lang an einem kühlen Ort ziehen lassen. Die Zitronensäure in etwas Wasser auflösen und mit dem durch ein Tuch gefilterten Sirup vermischen, gut durchrühren und auf Flaschen ziehen. Kühl lagern.
Wer auf Nummer sicher gehen will. Lässt die fertige Sirupmischung nochmals kurz aufkochen bevor er sie abfüllt oder pasteurisiert die gefüllten Flaschen bei 80 Grad 5 Minuten lang.

Variante 4:

Zutaten:

8 – 10 Blütendolden
1 L Wasser
1,2 kg Zucker
10 g Zitronensäure

Zubereitung:

Die gereinigten Blütendolden mit dem Wasser übergießen, 1 – 2 Tage an der Sonne stehen lassen, dann in einen Topf abseihen. Nun den Zucker zugeben und unter ständigem Rühren 20 – 30 Minuten leicht kochen lassen. Die Zitronensäure zugeben, gut verrühren und noch heiß in Flaschen füllen.

Hortensienblütensirup

Mit Mineralwasser oder Sekt , aber auch zu einem Sorbet oder Blütengelee verarbeitet sehr delikat

Zutaten:

3 Dolden Hortensienblüten, frisch
250 g Zucker
150 ml Wasser

Zubereitung:

Die Hortensienblütendolden von allem Grün und Stängeln befreien. In eine Schüssel geben und den Zucker darüber streuen. Mit den Fingern etwa 10 Minuten lang fein zerrebeln, danach 1 Stunde lang durchziehen lassen. Das Wasser zugeben und über Nacht ruhen lassen. Nun durch ein feines Sieb geben und abfüllen. Zur Verlängerung der Haltbarkeit kann der Sirup im Wasserbad bei 70°C 5 Minuten lang pasteurisiert werden.
Ergibt 300 ml Sirup

Jasminblütensirup

Jasminblüten sollen am Abend geerntet werden, weil sie dann am stärksten duften, zur Verarbeitung nur trockene Blütenblätter verwenden! Hier ist übrigens der „Falsche Jasmin" gemeint!

Zutaten:

80 g Jasminblüten
0,7 L Wasser
700 g Zucker
½ Zitrone (ungespritzt)
5 g Zitronensäure

Zubereitung:

Aus dem Wasser und dem Zucker einen leichten Sirup kochen, die Zitrone in Scheiben schneiden und zugeben. Etwas abkühlen lassen und noch lauwarm die Blüten und die Zitronensäure zugeben. Zugedeckt an einem kühlen Ort 3 Tage lang ruhen lassen. Dann abschmecken, gegebenenfalls nachzuckern oder nachsäuern, abseihen und abfüllen. Kühl aufbewahren und bald verbrauchen. Für längere Haltbarkeit vorher nochmals kurz aufkochen lassen oder pasteurisieren.

Lavendelblütensirup

Zutaten:
2 EL getrocknete Lavendelblüten
200 ml Wasser
150 g Zucker

Zubereitung:
Aus dem Wasser und dem Zucker einen Sirup kochen, abschäumen. Die Lavendelblüten in den noch kochenden Sirup geben und 8 Minuten lang ziehen lassen (nicht mehr kochen). Dann durchfiltern und noch heiß auf Flaschen ziehen.

Lindenblütensirup

Lindenblüten helfen ausgezeichnet bei Erkältungskrankheiten durch ihre fiebersenkende und schweißtreibende Wirkung und gleichzeitige Stärkung der Abwehrsysteme.
Kann auch gut mit Holunderblüten gemischt werden, die eine ähnliche Wirkung haben.
Die Linde war den Germanen heilig, sie wurde meist in Dreiergruppen an den Versammlungsplätzen angepflanzt (Thingplätze). Auch heute noch gibt es oftmals die „Dorflinde".

Zutaten:
2 Handvoll frische Lindenblüten oder
1 Handvoll getrocknete
500 g Zucker
500 ml Wasser

Zubereitung:
Die Blüten mit dem Wasser und dem Zucker vermischen und zu einem Sirup einkochen, die Blüten entfernen und heiß abfüllen.

Lindenblütenhonig

Zutaten:
1 Handvoll frische Lindenblüten
500 ml Wasser
300 g Zucker
300 g Lindenblütenhonig
10 g Zitronensäure

Zubereitung:
Aus dem Wasser und dem Zucker einen Sirup kochen. Die Blüten zugeben, etwas abkühlen lassen, dann den Honig und die Zitronensäure zufügen. Zugedeckt 3 Tage lang an einem kühlen Ort ruhen lassen. Nun abseihen und auf Flaschen ziehen. Wer ganz sicher gehen will bezüglich der Haltbarkeit, pasteurisiert den Sirup oder kocht ihn nochmals kurz auf vor dem Abfüllen.

Löwenzahnblütensirup

Achtung: dieser Sirup kristallisiert aus, wenn er in nasse Gläser oder Flaschen gefüllt wird, daher diese gut vor der Befüllung trocknen! Das gleiche passiert übrigens, wenn er zu lange gekocht wird. Im Volksmund bezeichnet man Löwenzahnblütensirup als „Löwenzahnhonig", in Hessen als „Hummelhoink", er wird auch als blutreinigender (d.h. stoffwechselfördernder) Honigersatz zum Süßen verwendet. In der Makrobiotik wird der Löwenzahn als eines der positivsten Nahrungsmittel für den Menschen des Westens bezeichnet.

Zutaten:
3 - 4 Handvoll frische Löwenzahnblüten
(immer bei Sonnenschein pflücken, wenn der Tau bereits abgetrocknet ist!)
1 Vanillestange
1 L Wasser
1 kg Zucker
15 g Zitronensäure

Zubereitung:
Die Blütenköpfe gut ausschütteln um alle eventuellen „Gäste" loszuwerden, Reste von Stängeln und Blättern entfernen und grob hacken. Die Blüten mit dem Wasser und der aufgeschlitzten Vanillestange (das Mark herauskratzen und dazugeben) erhitzen und etwa 20 Minuten lang simmern lassen (nicht aufkochen). Dann alles durch ein angefeuchtetes Tuch filtrieren, gut auspressen. Den Zucker und die Zitronensäure zu dem Sud geben und etwa 60 Minuten lang zu einem Sirup einkochen lassen auf kleinster Stufe.
Noch heiß in die vorbereiteten Gläser oder Flaschen füllen und kühl aufbewahren.

Mädesüss – Sirup

Mädesüß wirkt schmerzstillend (Salicylsäure) fiebersenkend, harntreibend und antiseptisch. Die Blüten (als flores spiraeae in der Apotheke erhältlich) duften stark nach Bittermandel. Der Tee aus den süß duftenden Blüten und Blättern soll angewendet werden bei Rheumaerkrankungen, Gicht, Durchfall, Grippe sowie Blasen- und Nierenleiden. Früher wurde dem Met (Honigwein) angeblich Mädesüßwurzeln beigesetzt. Die Mädesüßblüten bitte nicht aufkochen!

Zutaten:
4 Handvoll Mädesüß (Blüten und Blätter)
1 L Wasser
1 kg Zucker
10 g Zitronensäure

Zubereitung:
Aus dem Wasser und dem Zucker einen Sirup kochen, Blüten und Zitronensäure zugeben. An einem kühlen Ort zugedeckt 3 Tage lang ruhen lassen.
Durch ein Tuch filtrieren. Nochmals kurz aufwallen lassen (um die Haltbarkeit zu verlängern, bei sofortigem Gebrauch kann das auch entfallen) und noch heiß in die vorbereiteten Flaschen füllen, kühl und dunkel aufbewahren.

Melissenblütensirup

Die Wirkungsweise der Melisse entnehmen Sie bitte der Beschreibung zum Melissenblättersirup. Die Blüten haben eine schwächere Wirkung und werden meist nicht für Heilzwecke verwendet. Für unseren Sirup verwenden wir sie daher gerne nur als wohlschmeckenden Durstlöscher.

Zutaten:
100 g Melissenblüten (auch mit Stängeln)
700 g Zucker
0,7 L Wasser
7 g Zitronensäure

Zubereitung:
Die Blüten in einen Krug oder ein hitzebeständiges großes Glas geben. Das Wasser aufkochen, den Zucker darin auflösen, abschäumen und noch heiß über die Blüten gießen. Das Ganze ziehen lassen, bis die Blüten ihre Farbe verloren haben. Dann die Zitronensäure einrühren und abfiltern, auf Flaschen ziehen und verschließen.

Tipp: aus diesem Sirup lässt sich auch ein exzellenter Melissenlikör bereiten:
Einfach nur mit Wodka im Verhältnis 1:1 mischen, ruhen lassen, nach ein paar Wochen Ruhezeit genießen!

Rosenblütensirup (Kaltauszug)

Mit Mineralwasser oder Sekt aufgespritzt ein leckeres und exklusives Getränk.
Eignet sich auch zur Herstellung von Rosendessertcremes oder Rosengelee und Roseneis!

Zutaten:
50 Blüten der wohlriechenden Gartenrose
1 L Wasser (am besten Quellwasser)
1 kg Zucker

Zubereitung:
Die Blätter von 50 frisch erblühten Rosen abzupfen (möglichst frühmorgens, da ist das Aroma am stärksten) und alles Grüne entfernen. Die Blütenblätter in eine Glasschüssel oder einen Steintopf legen und mit dem Wasser übergießen. Den Zucker in das Rosenwasser geben und immer wieder rühren, bis der Zucker völlig aufgelöst ist. 24 Stunden ruhen lassen, dann durch einen Kaffeefilter filtern. Nun den Sirup in Flaschen füllen, mit einem Leintuch verschließen, nicht verkorken! Kühl aufbewahren. Achtung: nicht sehr lange haltbar, am besten im Kühlschrank aufbewahren!

Rotkleeblütensirup

= Kleesirup
Aus dieser, als Futterpflanze angebauten, aber auch wildwachsenden Pflanze stellen wir einen leckeren Sirup her. Rotklee wurde gegen chronischen Husten, Asthma und Koliken verwendet.

Zutaten:
1 Handvoll Rotkleeblüten
(morgens nach dem Abtrocknen des Taus gepflückt)
500 ml Wasser
500 g Zucker
5 g Zitronensäure

Zubereitung:
Aus dem Wasser und dem Zucker einen Sirup kochen. Vom Feuer nehmen, den lauwarmen Sirup über die Rotkleeblüten in ein Steingutgefäß gießen, die Zitronensäure zugeben. Zugedeckt 3 Tage lang kühl stellen. Durchfiltern und abfüllen, bald verbrauchen. Soll der Sirup länger gelagert werden, vor dem Abfüllen nochmals aufkochen lassen oder 5 Minuten bei 80 °C pasteurisieren.

3. Kräuter - und Gewürzsirup

Adventabendhonig

Verfeinert nicht nur an langen Winterabenden heiße Getränke wie Tee, Milch oder heißen Rot- oder Weißwein

Zutaten:
1 Tl Zimtblüten
5 Nelken
1 Tl Macisblütenpulver
1 Kardamomkapsel
1 TL ganzer Anis
500 g Waldhonig
1 unbehandelte Zitrone

Zubereitung:
Die Zimtblüten, Nelken, Anissamen und die Kardamomkapsel im Mörser grob zerstoßen. Mit dem Honig verrühren. Die gewaschene Zitrone in Scheiben schneiden und zugeben. Alles zusammen im Wasserbad 1 Stunde lang bis zum Siedepunkt erhitzen. Nun noch 15 Minuten lang abkühlen lassen. Durch ein feines Sieb filtern und in das Honigglas abfüllen.

Almfreude

Zutaten:
1 Zweig frischer Thymian
3 Salbeiblätter
1 EL Schafgarbe (getr.)
5 Wacholderbeeren
2 EL Pfefferminze
1 TL Angelikawurzel (getr.)
1 EL Melisse
1 Tl Fenchelsamen
500 g Zucker
500 ml Apfelsaft, klar, ungezuckert
5 g Zitronensäure

Zutaten:
Aus dem Apfelsaft und dem Zucker einen Sirup kochen. Die Wacholderbeeren und den Fenchelsamen im Mörser zerstoßen, dem Sirup zufügen und 5 Minuten lang mitkochen lassen. Die Kräuter nun zugeben, 1 x aufwallen lassen und vom Herd nehmen. 15 Minuten lang ziehen lassen, durchseihen. Noch heiß abfüllen.

Anissirup

Dieses Rezept ist zum Mixen gedacht für Cocktails oder nur mit Mineralwasser aufgespritzt, auch mit Milch als Schlaftrunk. Vermischt mit Wodka oder Gin ergibt sich ein leckerer Likör (1 : 1, einen Monat lang ruhen lassen).
siehe auch bei Kräuterhonig!

Zutaten:
4 EL Anissamen
2 Tassen Wasser
2 Tassen Zucker (nach Geschmack auch Rohrohrzucker)

Zubereitung:
Den zerstoßenen Anis mit dem Wasser aufkochen, 3 Minuten sprudeln lassen, vom Herd nehmen und 30 Minuten lang ziehen lassen, dann abseihen. Aus dem Sud mit dem Zucker einen dicken Sirup kochen und in Flaschen füllen.

Gewürzsirup

Eignet sich besonders für heiße Getränke (Milch, Kaffee, Tee) aber auch für Desserts, über Eis, Gewürzkuchen, Weihnachtsbäckerei oder Crepes und French Toast.

Zutaten:
5 Zimtstangen
2 Sternanis
8 Gewürznelken
1 Stück langer Pfeffer (oder 3 Körner schwarzer Pfeffer)
350 g brauner Kandis
400 ml Wasser

Zubereitung:
Den Kandis und das Wasser in einem Kochtopf geben. Die Gewürze im Mörser grob zerstoßen, den Zimt brechen. Alles dem Zuckerwasser zufügen und zum Kochen bringen. Etwa 10 Minuten lang zu einem Sirup kochen und durch ein feines Sieb oder einen Kaffeefilter klären. Noch heiß abfüllen.

Kaffeesirup

Dieser leckere Kaffeesirup eignet sich auch sehr gut für Eiskaffee, Desserts und auch Cocktails.

Zutaten:
Starker Kaffee
Zucker
Kleine Flaschen

Zubereitung:
Kochen Sie einen starken Kaffee (darf ruhig 3 x so stark sein wie gewöhnlich oder noch besser ein Espresso) und lassen diesen dann mit Zucker (auf 500 ml Kaffeelösung etwa 400 g Zucker) zu einem Sirup einkochen. Bei Bedarf (Urlaub, Camping, Autofahrt, Büro) dann 1 EL Sirup in einer Tasse mit heißer Milch auffüllen – das macht munter!

Varianten:
Kochen Sie mit noch eine aufgeschlitzte Vanillestange oder 3 Päckchen Vanillezucker mit! Auch eine mitgekochte Zimtstange oder einige Kapseln Kardamom verleihen diesem Sirup eine extravagante Note!

Kapillairesirup

Zutaten:
1 Handvoll Kapillairekraut
500 g Zucker
600 ml Wasser
nach Geschmack Zitronensäure

Zubereitung:
Das Kraut mit kochendem Wasser übergießen, dann über Nacht ruhen lassen. Den Sud durch ein Tuch oder feines Sieb passieren, den Zucker zufügen und kochen lassen bis er eindickt. Abschmecken und evt. die Zitronensäure zugeben. Dann noch heiß in Flaschen füllen.

Koriander – Limetten – Sirup

Zutaten:
50 g frisches Koriandergrün
1 El Limettensaft
200 g Zucker

150 ml Wasser

Zubereitung:
Das Koriandergrün waschen und klein hacken. Den Zucker zufügen und gut vermischt 1 Stunde lang durchziehen lassen. Das Wasser zugeben und 10 Minuten lang leicht köcheln lassen. Den Limettensaft hineingeben und nochmals aufkochen lassen. Abseihen und heiß abfüllen.
Ergibt 250 ml Sirup

Kräutersirup „Dudler“

Zutaten:
1 Handvoll Melisse
½ Bund (angewelktes) Waldmeistergrün (wenn vorhanden)
1 Handvoll Pfefferminze
4 Blätter Salbei
2 Zweige Thymian
1 Zweig Rosmarin
1 Handvoll frisches oder 2 EL getrocknetes Verbenenkraut
1 Handvoll frische oder 1 El getrocknete Kamillenblüten
500 ml Wasser
500 g Zucker
10 g Zitronensäure

Zubereitung:
Die Kräuter waschen, abtropfen lassen und grob hacken, in eine Porzellan- oder Steingutschüssel geben. Aus dem Zucker und dem Wasser einen Sirup kochen, die Zitronensäure zugeben (verändert allerdings eventuell die Farbe der Kräuter!), noch heiß über die Kräuter gießen. Dann 1 Tag lang kühl stehen lassen, abfiltern, dabei die Kräuter gut ausdrücken. Nochmals zum Kochen bringen und heiß abfüllen, kühl lagern.
Die Zitronensäure verändert die Farbe, macht aber den Geschmack etwas frischer und verlängert die Haltbarkeit. Wer den Sirup aber bald verbraucht, kann sie auch weglassen. So ein Kräutersirup kann immer variiert werden, wer es z.B. etwas lieblicher mag, kann auch ein paar Holunderblüten (2-3) mit verarbeiten, oder den Waldmeister weglassen, oder anstelle des Salbei mal ein paar Erdbeerblätter dazugeben... Probieren geht über studieren sagt man ja. Meist passen die Kräuter besonders gut zusammen, die auch in der Natur kräftig nebeneinander vorkommen.

Limonen – Thaibasilikum – Sirup

Dieser aromatische Sirup eignet sich zur Herstellung von feinen Cocktails, Sorbet und Desserts oder als Sauce über fruchtiges Eis.

Zutaten:

1 Handvoll frisches Thai – Basilikum
2 Limonen
250 g Zucker
250 ml Wasser

Zubereitung:

Aus dem Zucker und dem Wasser 5 Minuten lang einen Sirup kochen. Die Limetten waschen und die Schale abreiben. Zusammen mit dem grob in Stücke geteilten Thaibasilikum in dem Sirup geben und 1 Stunde lang abkühlen lassen. Danach durch ein Sieb geben und den Limettensaft zufügen. Nochmals kurz aufkochen lassen und heiß abfüllen.

Tipp: Kann auch mit Basilikum hergestellt werden, mit entsprechend anderer Geschmacksnote!

Matesirup

Mate ist koffeinhaltig, daher eignet sich dieser Sirup sehr gut auch in die Arbeit oder auf Reisen unterwegs zum Mitnehmen. Einfach heißes oder kaltes Wasser drauf (evt. auch heiße Milch!), schon ist ein sehr belebender guter Tee fertig!

Zutaten:

2 EL Mateblätter
400 g Zucker
400 ml Wasser

Zubereitung:

Aus dem Wasser und dem Zucker einen schönen Sirup kochen. Vom Herd nehmen, nach 5 Minuten dann die Mateblätter beigeben und 3 (je nach Geschmack auch 4, aber nicht länger, sonst wird er bitter) Minuten lang ziehen lassen.

Nach Geschmack könnte der Sirup auch mit etwas Zitronen- oder Ascorbinsäure gesäuert werden.

Melissenblättersirup

Melisse beruhigt bei Stress und Nervosität, fördert den Schlaf und hilft oftmals bei wetterbedingten Kopfschmerzen. Sie soll auch krampflösend wirken bei Störungen des Verdauungsapparates und Menstruationsschmerzen. Schmeckt sehr lecker mit Mineralwasser, in Sekt aber auch zum Süßen über ein Erdbeerdessert!

Zutaten:

5 Handvoll Melissenblätter (am besten jeweils erst vor der Verwendung pflücken!)
1 L Wasser
900 g Zucker
1 Tütchen (7 g) Zitronensäure

Zubereitung:

Die Hälfte der Melissenblätter waschen und mitsamt der Stängel grob hacken. In ein hitzebeständiges Glas- oder eine Porzellanschüssel geben, mit dem kochenden Wasser überbrühen. Über Nacht stehen lassen, abseihen und durchdrücken. Den Sud nochmals aufkochen und noch kochend über die andere Hälfte der (frisch gepflückten) Melissenblätter wider in das Glasgefäß schütten. Nochmals über Nacht ziehen lassen , dann abseihen und das Kraut fest auspressen. Aus dem Zucker und der Zitronensäure mit etwa 1/3 des Sudes gut sprudelnd einen Sirup kochen, abschäumen. Den restlichen Sud zugeben und auf 2/3 bei niedriger Hitze reduzieren (dauert ca. 1 Stunde). Noch heiß in die Flaschen füllen.

Melissen – Honig – Sirup

Zutaten:

500 g Melissenblätter
1 L Wasser
500 g Honig
500 g Zucker
1 Zitrone nach Belieben

Zubereitung:

Die Melissenblätter säubern und grob hacken, mit 500 ml Wasser überbrühen und über Nacht ziehen lassen. Den Saft nun durch ein feuchtes Tuch pressen. Aus dem restlichen Wasser und dem Zucker einen Sirup kochen, den Saft zufügen und nochmals aufkochen lassen. Den Saft der Zitrone zugeben und, sobald er etwas abgekühlt ist, auch den Honig und gut durchrühren. Dann in Flaschen füllen und kühl lagern.

Minzsirup
- *siehe* Pfefferminzsirup

Mojito – Sirup
Zum Mixen von Cocktails mit oder auch ohne Alkohol

Zutaten:
1 kleiner Bund frische Pfefferminze
2 Limetten
400 g Rohrzucker, hell
50 g dunkler Honig
400 ml Wasser

Zubereitung:
Die Schale der Limette abreiben. Den Saft auspressen. Mit der gewaschenen und gehackten Minze in einen Topf geben. Den Zucker und Honig zugeben. Vermischen und über Nacht stehen lassen. Am nächsten Tag das Wasser zugeben und zum Kochen bringen. Nach 5 Minuten durchseihen und noch heiß abfüllen.

Pfefferminzsirup
Selbstgemachter Pfefferminzsirup hat nur sehr wenig gemein mit dem im Lebensmittelhandel erhältlichen, grünen Zuckergemisch gleichen Namens, wie Sie sicher schnell feststellen werden! Pfefferminze wirkt grundsätzlich schmerzlindernd auf die Magenschleimhaut, hilft bei Sodbrennen und Aufstoßen und beruhigt bei Koliken und Krämpfen im Verdauungstrakt. Wir verwenden ihn zum Süßen von Desserts, Bowlen, zum Mixen von Cocktails und, aufgespritzt mit Mineralwasser, zur Herstellung von Eis und Likören.
Pfefferminzsirup lässt sich auch aus getrockneter Minze herstellen, dazu bitte aber die Mengen verringern!
Tipp: Pfefferminzsirup aus den frischen Blättern gärt oft noch 1 bis 2 Wochen nach dem Abfüllen und Verschließen nach, daher lassen Sie bitte dieses Gas austreten und schrauben dann wieder zu! Vor der Verwendung kontrollieren.

Zutaten:
2 Handvoll Pfefferminze (so aromatisch wie möglich!) mit Stängeln
0,6 L Wasser
0,5 kg Zucker

Zubereitung:
Die Pfefferminze kurz abwaschen und grob hacken samt den Stängeln. Dann mit soviel kochendem Wasser übergießen dass die Blätter gerade bedeckt sind, 5 Minuten lang kochen lassen, dann 1 Stunde lang zugedeckt ziehen lassen.
Den Sud nun durch ein Tuch seihen und fest auspressen, abmessen. Mit dem Zucker in einem Topf zum Kochen bringen und solange leicht kochen lassen bis der Sirup eindickt. Abschäumen, sowie, wenn der Sirup noch nicht intensiv genug ist, auch ein paar Tropfen naturreines ätherisches Pfefferminzöl zugeben, dann auf Flaschen ziehen und kühl lagern.
Tipp: schmeckt fein mit Whiskey auf Eis (Minzjulep)

Zitroniger Pfefferminzsirup

Zutaten:
2 Handvoll Pfefferminzblätter mit Stängeln
1 Stängel frische Melisse
400 ml Wasser
500 g Zucker
1 Zitrone
5 g Zitronensäure
nach Belieben etwas grüne Lebensmittelfarbe

Zubereitung:
Aus dem Wasser und dem Zucker einen Sirup kochen, abschäumen. Den Saft der Zitrone zugeben sowie die Zitronensäure. Die Pfefferminze und die Melisse waschen, mit den Stängeln grob hacken und dem Sirup zugeben, 3 Minuten lang mitkochen lassen, dann vom Herd nehmen und bedeckt abkühlen lassen. Den Sirup durch ein Tuch pressen und abfüllen. Kühl lagern und bald verbrauchen.
Schmeckt besonders erfrischend und fruchtig. Wunderbarer Durstlöscher im Sommer mit Wasser. Auch sehr gut über frische Erdbeeren!

Pfefferminz – Zimt – Sirup

Zutaten:
2 Handvoll Pfefferminze mit Stängeln
400 ml Wasser
500 g Zucker
1 Zimtstange

Zubereitung:
Aus dem Wasser und dem Zucker einen Sirup kochen und abschäumen. Die Pfefferminze mit den Stängeln grob hacken und mit der Zimtstange dem Sirup zugeben,

5 Minuten lang leicht kochen lassen, dann vom Herd nehmen und bedeckt abkühlen lassen. Danach die Zimtstange entfernen, den Sirup durch ein Tuch pressen und abfüllen. Kühl lagern und bald verbrauchen.

Sommertraum

Zutaten:

1 EL Brombeerblätter
1 EL Erdbeerblätter
1 EL Orangenblüten
1 EL Sonnenblumenblüten
1 EL Kornblumenblüten
1 EL Sonnenblumenblüten
1 EL Melisse
abgeriebene Schale 1 Orange
600 ml Wasser
600 g Zucker
7 g Zitronensäure

Zubereitung:

Aus Wasser und Zucker einen Sirup kochen. Über die Kräuter und die Orangenschale gießen und über Nacht ziehen lassen. Durchfiltern und die aufgelöste Zitronensäure zugeben. Nochmals aufkochen lassen und sofort abfüllen.

Teesirup

Dieser anregende Sirup schmeckt auch in heißer Milch fein. Je nach Ziehdauer der Teeblätter können Sie einen beruhigenden (Abend-) Sirup daraus kochen, (5 - 6 Minuten lang ziehen lassen) oder einen anregenden (Morgen-) Sirup (nicht mehr als 3 Minuten lang ziehen lassen). Ich koche beides auf einmal: Ein Fläschchen fülle ich nach 3 Minuten ab, das andere dann nach 5 Minuten. Unbedingt gleich beschriften, sonst wird es schwierig!
Die Qualität und Sorte des Tees entscheidet über den Geschmack – meine Familie bevorzugt den warmen Malzgeschmack des Assamtees hierfür. Mit diesem Teesirup lässt sich auch schnell mit etwas Zitronensaft (oder anderen Säften, z.B. Pfirsich- oder Ananassaft), kaltem Wasser und eventuell Eiswürfeln ein feiner Eistee herstellen. Der Sirup ist sehr konzentriert, man benötigt also nur sehr wenig (1 - 2 Teelöffel auf 1 große Tasse).
Tipp: probieren Sie auch einmal einen Grünen Teesirup !

Zutaten:
3 EL guter Schwarzer Tee (zum Beispiel Assam)
500 ml Wasser (möglichst frisch gefiltertes Wasser)
500g Zucker

Zubereitung:
Aus dem Wasser und dem Zucker im offenen Topf einen dicklichen Sirup kochen lassen. Den Topf von der Kochstelle nehmen und 5 Minuten abkühlen lassen (Sirup ist heißer als Wasser). Dann erst die Teeblätter zugeben. Nun die Teemischung 3 Minuten lang ziehen lassen, dann abfiltern, evt. abschäumen und noch heiß abfüllen.

Vanillesirup

Dieser Sirup für Vanillefreunde lässt sich auch sehr gut zur Eisherstellung oder für Desserts verwenden.

Zutaten:
1 kg Zucker
1 L Wasser
6 Vanilleschoten

Zubereitung:
Die Vanilleschoten längs aufschlitzen, das Mark herauskratzen. Zusammen mit den Schoten, Zucker und dem Wasser in einen Topf geben und aufkochen lassen. Noch etwa 10 Minuten lang kochen lassen, bis sich der Zucker ganz aufgelöst hat, dabei gut umrühren. Vom Herd nehmen und abkühlen lassen. Nach dem Erkalten die Vanilleschoten entfernen, falls die Vanillekügelchen stören, durchfiltern. Nochmals erhitzen und abschäumen, heiß auf die vorbereiteten Flaschen ziehen.

Verbenensirup

= Zitronenstrauchsirup
Die Blätter der aus Chile und Argentinien stammenden Verbene (=Zitronenstrauch) verströmen beim Zerreiben einen starken Geruch nach Zitrone, daher auch der Name. Der Tee wirkt beruhigend und schmerzlindernd bei Darmproblemen, Migräne und nervöser Erschöpfung. Man sollte ihn allerdings nicht im Übermaß trinken, sonst reizt er wiederum den Magen. In der Küche können die Blätter auch das Zitronengras ersetzen.
Der Sirup ergibt mit Wasser aufgespritzt ein erfrischendes Sommergetränk, aber dennoch nicht literweise trinken!

Zutaten:
50 g frische oder 40 g getrocknete Verbenenblätter
750 g Wasser
750 g Zucker

Zubereitung:
Die Verbenenblätter mit dem Wasser aufkochen, 5 Minuten lang ziehen lassen. Danach abseihen und den Zucker einrühren. Danach 8 Minuten lang leicht kochen lassen bis der Sirup eindickt. Noch heiß abfüllen.

Verbenen - Sommersirup

Zutaten:
30 g Verbenenblätter
30 g Lindenblüten
30 g Pfefferminzblätter
20 g Melisse
1 L Wasser
900 g Zucker
5 ganze Gewürznelken

Zubereitung:
Das Wasser mit dem Zucker und den Nelken in einen Kochtopf geben, zu einem Sirup einkochen. Die Kräuter zugeben, aufkochen, vom Herd nehmen und 15 Minuten lang ziehen lassen. Abseihen, abschäumen und noch heiß in Flaschen füllen.

Waldmeistersirup

Waldmeister stets 2 Tage lang anwelken lassen, evt. auch einfrieren, dann kommt das Aroma stärker heraus. Immer das **nicht** blühende Kraut verwenden. Bei Überdosierung wird gewarnt, da es durch den Gehalt an Cumarin im Waldmeister zu Übelkeit, Schwindelanfällen und Erbrechen kommen kann. Bei normalem Genuss des Sirups (auch wenn er noch so gut schmeckt - man wird wohl kaum 10 Liter auf einmal trinken?).

Zutaten:
500 g Zucker
0,5 Liter Wasser
1 Bund angewelkter Waldmeister

Zubereitung:
Der Zucker wird im Wasser aufgelöst und aufgekocht, bis er sich vollständig gelöst hat.

Nun gibt man die Waldmeisterblätter hinzu (Menge nach Geschmack), lässt alles noch einmal aufkochen und dann abkühlen. Danach den Sirup durch ein Sieb geben, abfüllen und bald verbrauchen. Am besten im Kühlschrank aufbewahren

Fruchtiger Waldmeistersirup

Zutaten:

1 L Wasser
750 g Zucker
1 Bund angewelkter Waldmeister, entsprechend etwa 30 g
3 unbehandelte Zitronen

Zubereitung:

Den Zucker mit dem Wasser in einem Topf zu einem Sirup kochen, abkühlen lassen. Die Zitronen abwaschen und abtrocknen, in Scheiben schneiden und mit dem gewaschenen Waldmeister und dem Sirup vermischen. Zugedeckt an einem kühlen Ort 4 - 5 Tage lang ruhen lassen, dann nochmals aufkochen und abschäumen. Dann in Flaschen abfüllen, kühl aufgewahren.

Waldmeister – Apfelsirup

Zutaten:

1 L naturtrüber Apfelsaft (ungezuckert)
1 Bund Waldmeister (angewelkt)
800 g Zucker

Zubereitung:

Den Waldmeister 30 Minuten in den Apfelsaft legen, abseihen. Dann diesen Kräutersaft mit dem Zucker erhitzen und etwa 5 Minuten zu einem Sirup kochen, abschäumen, noch heiß in Flaschen füllen.

Waldmeistersirup – Kaltauszug

Zutaten:

1 - 2 Bund Waldmeister (angewelkt)
1 kg Zucker
1 L Wasser
30 g Zitronensäure

Zubereitung:
Den Waldmeister grob schneiden und mit allen Zutaten in ein Glasgefäß geben, gut durchmischen, 2 Tage lang kühl und dunkel durchziehen lassen. Öfters umrühren, der Zucker muss ganz aufgelöst sein! Danach absieben und kalt abfüllen, dunkel aufbewahren. Hält sich etwa 6 - 12 Monate (je nach Lagerung).

Zimtsirup

Eignet sich gut über Desserts oder zum Süßen in den Tee in der Winterzeit, aber auch über den Milchkaffee oder zum Füllen von Krapfen oder in eine leckere heiße Zimtmilch! Zimt soll glücklich machen...

Zutaten:
300 g Zucker
500 ml Wasser
4 Zimtstangen (zerbrochen)

Zubereitung:
Alles zusammen kochen, bis die Flüssigkeit auf die Hälfte reduziert ist. Dies muss allerdings möglichst langsam geschehen, damit sich das volle Aroma entfalten kann! Dann abschäumen, durchfiltrieren und noch heiß abfüllen.

Kardamom - Zimtsirup

Zutaten:
7 Kardamom-Kapseln
200 g Zucker
2 Tl Instant - Kaffee (Espresso, wenn vorhanden)
3 Stangen Zimt
400 ml Wasser

Zubereitung:
Die Kardamomkapseln in einen Topf geben, leicht zerdrücken. Das Wasser mit dem Zucker, dem Kaffeepulver und der Zimtstange aufkochen und bei geöffnetem Topf auf 200 ml reduzieren lassen, dabei den Schaum abschöpfen. Durch ein Sieb gießen und heiß abfüllen.

Zimtsirup mit Schuss

Zutaten:

200 ml Wasser
240 g Zucker
40 g Zimtstangen
40 ml Rum, 70 % ig

Zubereitung:

Den Zimt im Alkohol über Nacht ausziehen lassen. Das Wasser mit dem Zucker zu einem Sirup kochen und abschäumen. Etwas abkühlen lassen, mit dem abgefilterten Rum vermischen und in Flaschen füllen.
Aufgrund seines Alkoholgehaltes nicht für Kinder verwenden!

Zitronenmelissesirup

- *siehe* Melissesirup

Sirup und Kräuter - Honig für die Gesundheit

Kräutersirup wird auch von Kindern und Leuten mit besonders sensibler Zunge gerne genommen. Für alle Kräuterhonige gilt: verwenden Sie möglichst kaltgepressten hochwertigen Honig – Sie stellen eine Naturarznei her, die bestmögliche Wirkung erhalten Sie nur mit hochwertigen Zutaten!
Die maximale Tagesdosis des Krautes – nicht des Sirups, wohlgemerkt! - sollte nicht überschritten werden!

Angelikawurzelsirup

Die Angelikawurzel oder Engelwurz wirkt nach der Naturheilkunde blutreinigend, magenstärkend, blähungstreibend und anregend auf das Nervensystem und die Verdauungsorgane. Der Sirup soll bei Gicht, Rheumatismus und Nervenkrankheiten helfen (2 x 1 Esslöffel täglich) , bei Blähungen, Magenleiden und Brustkatarrh nimmt man 2 x täglich 1 Teelöffel voll ein. Angelika sollte nicht gekocht werden, da sonst die ätherischen Öle verfliegen.
Die Angelika (Engelwurz) galt als Abwehrmittel gegen Schwarze Magie und Hexenkunst.
Tageshöchstdosis der Trockensubstanz: 10 – 15 g
Achtung: Verwechslungsgefahr mit dem hochgiftigen Gefleckten Schierling!

Zutaten:
100 g Pulver von Wurzel, Blättern und Stängel der Angelika
500 g kaltgeschleuderter Honig oder
500 ml Sirup (aus Wasser und Zucker gekocht)

Zubereitung:
Das Pulver in den Honig oder Sirup einrühren und in kleine Fläschchen abfüllen, kühl aufbewahren und bald verbrauchen.

Anissirup

Anissamen wurde schon in der Antike als Heilmittel und zur Stärkung verwendet.
In verschiedenen Ländern wird ein verdauungsanregender Aperitif aus Anis hergestellt, das ätherische Anisöl (Apotheke) hilft bei Erkrankungen der Atemwege, Verschleimung, Erkältung, Koliken, Blähungen und wirkt appetitanregend. Auch bei krampfhaften Menstruations-schmerzen kann Anis hilfreich sein. Mehrmals täglich teelöffelweise einnehmen
Tageshöchstdosis Infus 30 g

Zutaten:
4 EL Anissamen
1 Tasse Wasser
3 Tassen Honig

Zubereitung:
Die Anissamen im Mörser etwas zerstoßen , mit dem Wasser kurz aufkochen und zugedeckt 1 Stunde lang ziehen lassen. Danach abseihen und noch lauwarm mit dem Honig vermischen, in kleine Gläschen füllen. Bei Bedarf pur oder in etwas warmem Wasser einnehmen.

Bärwurz – Birn – Honig

Wird auch das „Gold" der Hildegard von Bingen-Medizin genannt. Die Kombination macht es, denn diese Mixtur ist eines ihrer Kernstücke.
Nach Hildegard von Bingen soll dieses Honigmus bei Migräne und Blähungen helfen und wird vor allem zur Darmsanierung verwendet, zur Entgiftung und bei Candida- und Schimmelpilzinfektionen. Erfolgreich soll diese Kur auch bei chronischen Infektionen wie Sinusitis, Mandelentzündung sein, sowie zur Kräftigung und Rekonvaleszenz bei Erschöpfungszuständen.

Zutaten:
70 g Bärwurzpulver
56 g Galgantpulver
44 g Süßholzpulver
30 g Bohnenkraut
16 Birnen
16 EL Honig

Zubereitung:
Die entkernten und geschälten Birnen mit Wasser zu Brei kochen lassen. Das Wasser abgießen. Den Honig im Wasserbad vorsichtig etwas erhitzen, mit einer Gabel fest umrühren, eventuellen Schaum entfernen (=abschäumen lassen). Unter Kochen jetzt das Bärwurz-Pulver zugeben , wenn das Mus etwas abgekühlt ist, den Honig darunter rühren, in Gläser abfüllen und kühl stellen.

Anwendung:
Die Dosierung des Bärwurz-Birn-Honigs ist abhängig vom Alter.
Vor dem Frühstück 1 Teel. pur oder auf Dinkelbrot nüchtern
Mittags 2 Teel. nach dem Essen
Abends 3 Teel. vor dem Schlafen

Die kurmäßige Einnahme wird über einen Zeitraum von 4 bis 6 Wochen empfohlen.
Die Mengen können, wenn die Reaktionen sehr heftig sind, auch reduziert werden auf Messerspitzen (1,2 und 3 jeweils). Zusätzlich wird die Einnahme von Darmbakterien empfohlen.

Brennesselhonig

Dieser Brennesselhonig kann im Frühjahr als blutreinigende Kur 4 Wochen lang jeden Tag morgens und abends je 1 EL eingenommen werden. Die auch von Hildegard von Bingen empfohlene Brennessel ist reich an Eisen und Chlorophyll und wirkt blutbildend und harntreibend. Sie wird auch bei Verschleimung des Magens und der Atemwegsorgane und Entzündung der Harnwege verwendet.
Tageshöchstdosis der Brennessel-Abkochung 50g

Zutaten:
1 Handvoll Brennessel (junge Blätter und Sprossen)
etwas Wasser
500 g Waldhonig

Zubereitung:
Die Brennesseln waschen und sehr fein hacken. Mit sehr wenig kochendem Wasser kurz abbrühen, damit sie nicht mehr brennen. Das Wasser abseihen, wegschütten und die Kräuter nun mit dem Honig vermischen, in ein Glas geben und kühl aufbewahren. Bei Bedarf ein wenig davon in ein kleines Gläschen füllen und möglichst mitsamt der Blättchen einnehmen, gut durchkauen.

Ehrenpreissirup

Ehrenpreis wird bei juckenden Hautleiden empfohlen, da er das Blut durch Anregung des Stoffwechsels und der Drüsentätigkeit reinigt. Übrigens senkt Ehrenpreistee den Cholesterinspiegel. Im Sommer ist dieser Sirup mit etwas Zitronensaft ein anregender Durstlöscher
Tageshöchstdosis Extrakt 4 – 8 g

Zutaten:
1 Handvoll frischer Ehrenpreis (ganze Pflanze)
400 ml Wasser
400 g Zucker
100 g Honig

Zubereitung:
Aus dem Wasser und dem Zucker einen Sirup kochen und abschäumen. Den sauberen Ehrenpreis klein hacken und in den heißen Sirup geben, 8 Minuten lang ausziehen lassen, durchsieben und den Honig zugeben. Gut durchrühren und heiß abfüllen.

Eibischwurzelsirup

Der Eibisch ist eine ausgesprochene Schleimdroge und wird heute mit guten Ergebnissen bei beginnendem Reizhusten verwendet. Für die Behandlung der Bronchitis sind andere Kräuter besser geeignet, da der enthaltene Schleim seine Wirkung nur im Bereich der oberen Luftwege entfaltet und nicht bis in die Bronchien eindringt. Auch für Entzündungen der Magenschleimhaut und Darmbeschwerden soll sich Eibisch günstig auswirken. Eibischwurzelsirup wird gerne für Kinder verwendet, da er sehr schnell den Hustenreiz lindert.
Tageshöchstdosis der Trockensubstanz: 30 g

Zutaten:
10 g Eibischwurzel
200 ml Wasser
250 g Rohrzucker

Zubereitung:
Die grob zerschnittene Eibischwurzel mit dem Wasser über Nacht kalt ausziehen lassen. Am nächsten Tag abseihen und den Sud mit dem Rohrzucker zu einem dicken Sirup einkochen, heiß abfüllen.

Eibischsirup mit Alkoholauszug

Zutaten:
10 g grob geschnittene Eibischwurzel (Apotheke)
30 g Weingeist 70 % ig (Apotheke)
220 ml Wasser
315 g Zucker

Zubereitung:
Die Eibischwurzel in einem Porzellan- oder Glasgefäß mit dem Alkohol übergießen und 1 Stunde lang ausziehen lassen, dabei öfters umrühren. Aus dem Wasser mit dem Zucker einen Sirup kochen und den schleimigen Eibischauszug filtern. Beides zusammengießen, gut durchrühren und in Fläschchen füllen, kühl aufbewahren.

Eichenrindensirup

Dieser Sirup soll bei Blutspucken, blutigem Stuhlgang, Blutfluss, zu starker und schmerzhafter Menstruation, unfreiwilligem Urinabgang, Koliken und chronischem Durchfall helfen.
Tageshöchstdosis der Abkochung 20 g
Achtung: Bei den genannten Krankheiten muss auf jeden Fall ein Arzt hinzugezogen werden!

Zutaten:
20 g Eichenrinde
125 ml Wasser
Waldhonig oder Eichenhonig

Zubereitung:
Die Rinde mit dem Wasser kurz aufkochen und 10 Minuten ziehen lassen. Danach abfiltern und mit dem Honig mischen, in Flaschen füllen und bald verbrauchen.

Fichtenbrusthonig
Helle Variante

Zutaten:
5 Tropfen ätherisches naturreines Fichtennadelöl
5 g 90% iger Weingeist (Apotheke)
300 g Wald- oder Tannenhonig
360 g Zucker
240 g Wasser

Zubereitung:
Den Zucker mit dem Wasser zu einem leichten Sirup kochen. Das Fichtennadelöl mit dem Weingeist mischen, den Honig zufügen und gut verrühren, dann den erkalteten Sirup zugeben, in Fläschchen abfüllen.

Dunkle Variante

schleimlösend, bei trockenem Husten

Zutaten:
10 Tropfen ätherisches Fichtennadelöl
300 g Meerzwiebeltinktur (Apotheke)
300 g Tannenhonig

300 g Brustelixier
1 L Wasser
1,4 kg Zucker

Zubereitung:
Aus dem Wasser und dem Zucker einen Sirup kochen. Das Fichtennadelöl mit der Meerzwiebeltinktur, dem Honig und dem Brustelixier vermischen, den abgekühlten Sirup zugeben, gut verrühren und abfüllen.
Achtung: Von der Meerzwiebeltinktur sollte täglich nicht mehr als 1 g eingenommen werden!

Fichtennadelspitzensirup

= Fichtensprossensirup, = Wipferlsirup, = Fichtensirup
Dieser Sirup ist pur oder in Tee eingenommen ein sehr gutes und stärkendes Mittel auch bei hartnäckigem Husten und Brustkrankheiten (dann 2-3 EL am Tag einnehmen) daher bitte spärlicher verwenden bzw. als Vorbeugung während der kalten Jahreszeit!. Daher zum ständigen Gebrauch nicht geeignet! Fichten enthalten Harz- und Gerbstoffe, daher hält sich dieser Sirup übrigens wesentlich länger als z.B. Blüten- und Fruchtsirup.
Tipp: Fichtensirup mit gutem trockenen Weißwein oder Sekt aufgießen, das ergibt einen wunderbaren Waldtrunk!
Verwendbar sind übrigens auch junge Tannenspitzen

Sirup mit Kandis

Zutaten:
etwa 1 Handvoll frisch geerntete Fichtennadelspitzen
300 g brauner Kandiszucker
1 Schraubglas, Fassungsvermögen ca. 0,6 Liter

Zubereitung:
Die sauberen (nicht mit Wasser abwaschen, nur ausschütteln!) Fichtennadeln in das Glas geben. Den Kandiszucker im Topf erhitzen bis er sich verflüssigt hat, dann heiß über die Fichtennadeln gießen. Das Glas verschließen und etwa 7 Wochen an ein sonniges Fenster stellen, täglich schütteln. Nach den 7 Wochen mal eine Probe nehmen, evt. noch 1 weitere Woche dort stehen lassen.
Nun abseihen und in einem Glas oder weithalsigen Flasche verschlossen kühl aufbewahren, evt. im Kühlschrank.

Sirup mit Zucker

Zutaten:

1 Handvoll frisch geernteter Fichtennadelspitzen
Zucker
Wasser
kleine Flaschen

Zubereitung:

Die jungen Triebe in Wasser sehr weich kochen und durch ein Tuch filtern. Diesen klaren Saft nun zu einen Sirup kochen (färbt sich rötlich).

Für 1 L gekochten Saft nimmt man 600 g Zucker. Nicht zu lange kochen lassen, lieber dann abkühlen lassen und am nächsten Tag nochmals leicht kochen, dann dickt er besser ein. Den Sirup noch heiß auf die Flaschen ziehen.

Sirup mit Alkoholauszug

Zutaten:

100 g Fichtensprossen
100 g 60 % iger Weingeist (Apotheke)
1 L Wasser
1,7 kg Zucker

Zubereitung:

Die Fichtensprossen fein zerschneiden, mit dem Alkohol übergießen und 12 Stundenlang ausziehen lassen. Dann das aus dem kochenden Wasser und dem Zucker einen dicken Sirup kochen, abschäumen, über die Sprossen gießen und filtrieren.

Auf kleine Flaschen ziehen und kühl aufbewahren.

Gojihonig

Gojibeeren werden vor allem in der Traditionellen chinesischen Medizin und seit einiger Zeit auch in den USA und Europa eingesetzt als wirksames Antioxidantium, zur Stärkung der Immunabwehr, bei Augenproblemen, hohem Blutdruck, schlechtem Blutzucker-werten und bei Vorbeugung und Behandlung von Krebs. Die hier angegebene Menge sollte in einem Zeitraum von etwa 2 Wochen möglichst pur 2 – 3 x täglich eingenommen werden.

Zutaten:
200 g Gojibeeren, getrocknet
100 ml Wasser
500 g Honig

Zubereitung:
Die Gojibeeren waschen und über Nacht im Wasser einweichen. Dieses am nächsten Tag dann zusammen mit den Beeren und dem Honig in einem Kochtopf erhitzen bis unmittelbar vor den Siedepunkt. Die gesamte Masse nun heiß in ein Glas abfüllen.

Herniariasirup

= Bruchkrautsirup
Das im Herniariakraut enthaltene Saponin hat eine harntreibende Wirkung. Sirup aus dem Herniariakraut soll bei Nierensteinen, Nierenentzündung, Gries, Blasenkrankheiten, Gelbsucht, Magenverschleimung und erhöhter Gallensaftbildung helfen.
Dabei wird die Einnahme von 3 x täglich 1 Teelöffel empfohlen. Wurde früher zusammen mit Bärentraubenblättern zu einem in Apotheken vertriebenen Mittel namens „Herniol" verarbeitet.
Achtung: Bitte suchen Sie einen Arzt auf bei den genannten Krankheiten!

Zutaten:
100 g Herniariakraut
400 g Wasser
100 g 90%iger Weingeist (Apotheke)
600 g Zucker

Zubereitung:
Das gewaschene Kraut grob hacken und mit dem kochenden Wasser übergießen, 30 Minuten lang ziehen lassen. Den Weingeist zugeben und 3 Stunden lang zugedeckt ruhen lassen. Danach abfiltern, das Kraut dabei gut durchpressen. Den Zucker zugeben und zu einem Sirup einkochen, heiß abfüllen.

Huflattichsirup

Huflattich ist eines der besten Hustenkräuter, der vor allem die morgendlichen Hustenanfälle gut lindert. Durch die Beigabe von gutem Honig wird der Heilungsprozess allerdings erst eingeleitet, Huflattich alleine kann nur lindern.
Huflattich wird zweimal geerntet, einmal die Blüten und später die jungen Blätter nach der Blüte, wobei die Blüten nicht so wirksam sein sollen wie die Blätter. Man kann

natürlich auch einen Sirup aus Blüten UND Blättern herstellen nach den untenstehenden Rezepten.
Übrigens hilft ein Fußbad mit einem Huflattichsud oder das Auflegen der frischen Blätter gut bei geschwollenen Füßen.
Tageshöchstdosis Infus 30 – 40 g

Huflattichblütensirup

Zutaten:
200 g (ca. 2 Handvoll) Huflattichblüten
1 L Wasser
1 kg Zucker
1 unbehandelte Zitrone
1 unbehandelte Orange
1 Beutel Zitronensäure (7 g)

Zubereitung:
Die Blüten waschen und grob hacken. In einen Topf geben und mit dem Wasser und den in Scheiben geschnittenen Zitrusfrüchten (vorher gut abwaschen) aufkochen lassen. Dann 20 Minuten lang auf kleinster Stufe ziehen lassen. Den Sud durch ein feuchtes Tuch filtern, die Scheiben der Zitrusfrüchte dabei gut ausdrücken. In einem Topf mit dem Zucker und der Zitronensäure nochmals etwa 10 bis 15 Minuten lang zu einem Sirup einkochen lassen. Heiß in die Flaschen füllen und kühl aufbewahren.

Huflattichblättersirup

Zutaten:
3 Handvoll Huflattichblätter
ca. 500 g brauner Zucker
250 g Wald- oder Tannenhonig

Zubereitung:
Die gewaschenen Huflattichblätter mit Zucker abwechselnd in ein weithalsiges Glas schichten. Bis zum nächsten Tag setzen lassen, nun nochmals bis zum Rand füllen, mit mehreren Schichten Pergamentpapier verschließen. Dann mehrere Monate lang an einen warmen Platz gären lassen (siehe auch unter Spitzwegerichsirup). Den Inhalt nun fest durch ein Tuch pressen und zum Kochen bringen. Etwas abkühlen lassen und mit soviel Honig vermischen, dass ein dickflüssiger Sirup entsteht. Dann in kleine Fläschchen füllen und kühl lagern. Angebrochene Flaschen im Kühlschrank aufbewahren und bald verbrauchen. In Grippezeiten zur Vorbeugung oder bei Husten und Erkältung teelöffelweise am besten pur einnehmen.

Hustensirup

- *siehe auch* Huflattichsirup, Thymiansirup, Spitzwegerichsirup, Kiefersprossensirup, Fichtennadelspitzensirup, Fichtenbrusthonig, Karottensirup, Eibischwurzelsirup, Malvensirup

Zutaten:

1 Handvoll frische Spitzwegerichblätter
2 EL Fichtensprossen
2 EL junge Brennesseln (Blätter)
2 EL frische Meerrettichblätter (oder 1 EL getrocknete)
2 EL Gundelrebenblätter
evt. später noch ergänzen mit 2 EL Thymiankraut
500 g Waldhonig (möglichst kaltgeschleudert) oder Thymianhonig

Zubereitung:

Die Kräuter säubern und kleinstmöglich hacken. Dann in einem weithalsigen Gefäß mit dem Honig gut vermischen. Verschließen und kühl und dunkel lagern. Bei Husten, Erkältung, Heiserkeit oder Halsschmerzen dann ein kleines verschließbares Gläschen abfüllen, damit keine Keime in das Honigglas gelangen können. Mehrmals täglich dann 1 Teelöffel davon samt der Kräuter in den Mund nehmen und möglichst langsam gut durchkauen.

Johanniskrautsirup

Johanniskraut ist ein wunderbares Nerven- und Depressionsmittel. Dieser Sirup eignet sich sehr gut auch pur (1 EL) oder in heißer Milch als Schlaftrunk. Bei Depressionen oder Störungen des nervlichen Gleichgewichtes 2 – 3 x täglich 1 Teelöffel einnehmen.
Tageshöchstdosis Trockensubstanz 30 – 50 g

Zutaten:

1 Handvoll Johanniskraut (blühendes Kraut)
100 ml Wasser
300 g Waldhonig oder Lavendelhonig
kleine, dunkle Gläser

Zubereitung:

Das Johanniskraut waschen und hacken, mit dem Wasser kalt ansetzen, über Nacht ziehen lassen in einem Porzellan- oder Steingutgefäß. Am nächsten Tag dann langsam zum Kochen bringen, sofort abseihen. Etwas abgekühlt mit dem Honig vermischen, abfüllen in kleine, möglichst dunkle Gläschen und kühl und dunkel aufbewahren.

Kalmushonig

Die Kalmuswurzel ist im Orient als Aphrodisiakum beliebt, in Rom wird sie die „Venuspflanze" genannt.
Möglichst junge, fleischige Kalmuswurzeln verwenden, die nicht holzig sind.
Tageshöchstdosis Abkochung 40 g

Zutaten:
100 g frische Kalmuswurzel
100 g Zucker
100 ml Wasser
Bienenhonig

Zubereitung:
Den Kalmus unter fließendem Wasser gut reinigen, die Haut etwas abschaben und in Stückchen schneiden. Mit Wasser und Zucker weich kochen lassen, bis die Lösung verdampft ist, aber nicht verkochen lassen (Vorsicht, damit nichts anbrennt!).
Den Honig im Wasserbad nicht mehr als 40 °C erhitzen damit er flüssig wird. Den Kalmus auf möglichst kleine Gläschen verteilen, den Honig darüber verteilen und die Gläser dann pasteurisieren (5 Minuten bei 80 °C).

Kamillenblütensirup

Dieser Kräutersirup der echten Kamille hilft schnell bei Bauchkrämpfen und Koliken, krampflösend, blähungstreibend, entzündungshemmend und schmerzstillend. Die entzündungshemmende Kraft soll der des Kortisons nahe kommen. Nicht zum Dauergebrauch geeignet. Am besten in lichtundurchlässigen Fläschchen aufbewahren. Bei Bedarf nehmen Erwachsene 2 Esslöffel davon ein, Kinder 1 - 2 Teelöffel.
Tageshöchstdosis Infus 30 g

Zutaten:
250 g frische (echte oder am besten römische) Kamillenblüten
500 g Wasser
400 g Zucker

Zubereitung:
Die gesäuberten (nicht gewaschenen) Blüten in ein Steingut- oder Tongefäß geben, mit dem kochenden Wasser übergießen und zugedeckt 1 Tag lang an einem kühlen Ort ziehen lassen.
Den Sud dann abfiltern, die Blüten dabei fest auspressen. 1/3 davon mit dem Zucker in einem Topf solange sieden lassen (ohne zu Kochen!), bis ein Sirup entstanden ist. Mit

dem restlichen Sud auffüllen, nochmals 15 Minuten lang sieden lassen, aber nicht kochen. Noch heiß in Flaschen füllen und kühl und dunkel lagern.

Karottensirup

Pur eingenommen ein gutes Hausmittel bei Husten und Heiserkeit! Dann 3 x täglich 1 Esslöffel einnehmen. In alten Kräuterbüchern wird Karottensirup sogar bei Lungen- und Kehlkopftuberkulose empfohlen! Wassertreibend bei Nieren – und Blasenstörungen. Tageshöchstdosis Trockensubstanz nach Belieben.

Sirup auf Zuckerbasis

Zutaten:
Saftige Karotten
Zucker
Wasser
Kleine Flaschen

Zubereitung:
Die möglichst frischen großen Karotten (kaufen Sie Biokarotten ab Hof, wenn Sie die Möglichkeit haben!), sauber abschaben oder abschälen. In der Küchenmaschine fein reiben, und den Saft durch ein Tuch pressen, oder im Entsafter auspressen. Dann stehen lassen, bis sich der trübe Teil absetzt. Nun den klaren Teil vorsichtig abgießen und mit dem Zucker (auf 1 Liter Saft nimmt man 700 g Zucker) zu einem Sirup kochen. Auf Flaschen ziehen, verschließen und kühl und dunkel lagern.

Sirup mit Kandiszucker

Zutaten:
Karotten
Wasser
brauner Kandiszucker

Zubereitung:
Die Karotten putzen und schälen, in Stücke schneiden. In einen Kochtopf geben, mit Wasser leicht bedeckt weich kochen lassen. Dann mit einem Stößel zu Brei drücken und mit dem Kochwasser durch ein Tuch pressen. Auf 1 Liter des so erhaltenen Saftes benötigt man 400 g Kandiszucker, der darin aufgelöst und auf Sirupstärke nochmals langsam eingekocht wird. Heiß in die Fläschchen füllen und kühl lagern.

Katerhonig
Nach zuviel Alkohol und entsprechendem Kopfschmerzgefühl kann dieser Honig sehr hilfreich sein. Wichtig ist dabei, zusätzlich viel zu trinken. Daher kann man ihn auch gleich in Mineralwasser aufgelöst einnehmen. Maximal 100 g Katerhonig am Tag einnehmen!

Zutaten:
2 EL Kamille, getrocknet
2 EL Mädesüß, getrocknet
2 EL Pfefferminze, getrocknet
2 cm Ingwerwurzel, frisch
300 g Honig
30 g Guaranapulver
100 ml Wasser

Zubereitung:
Die Kräuter in eine Schüssel geben, das Wasser darüber schütten und über Nacht ziehen lassen. Gleichzeitig den Ingwer in Scheiben schneiden und dem Honig zugeben. Am nächsten Tag den Honig mit Ingwer sowie die Kräuter – Wasser – Mischung in einem Kochtopf miteinander vermischen und langsam erhitzen. Zum Kochen bringen und sofort vom Herd nehmen. Das Ganze nun 10 Minuten lang ruhen lassen, dann durch ein Sieb oder Tuch filtern. Das Guaranapulver zufügen, gut verrühren und abfüllen.

Kiefersprossensirup
(= Wipferlsirup)
Zutaten:
1 kg frische Kiefersprossen
2 L Wasser
1 kg Rohrohrzucker
500 g Honig

Zubereitung:
Die Kiefersprossen in einen Topf geben und gut mit Wasser bedeckt 20 Minuten lang kochen lassen. Nun 2 Tage lang zugedeckt an einem kühlen Ort stehen lassen. Den kalten Sud durch ein Tuch pressen und mit dem Zucker aufkochen lassen, bis er anfängt, einzudicken. Etwas abkühlen lassen und den Honig zufügen, sofort in Gläser füllen.

Klatschmohnsirup

= Mohnsirup, = Feldmohnsirup, = Klatschrosensirup

Mohnblütenblätter sind oftmals Bestandteile der Brust- und Hustentees. Mohnsirup wurde früher bei hartnäckigem Reiz- und Keuchhusten und Brustkatarrh empfohlen, wirkt beruhigend und schmerzstillend (tagsüber öfters 1 Esslöffel einnehmen) bei Schlaflosigkeit und Nervosität. Bei kleinen Kindern raten wir vorsichtshalber von der Verwendung eher ab. Nicht für den dauernden Gebrauch empfohlen, da die Pflanze, wie alle Mohngewächse, Alkaloide enthält. Daher die grünen Pflanzenteile nicht verwenden!

Anwendung: nach dem Essen 1 Esslöffel voll einnehmen.

Mohnblütenblätter vorsichtig im Schatten trocknen, denn sie werden leicht schwarz und dann unbrauchbar.

Tageshöchstdosis Infus 10 – 20 g

Zutaten:

100 g frische Blütenblätter oder
40 g getrocknete Blütenblätter
250 ml Wasser
300 g Zucker

Zubereitung:

Die sauberen Blütenblätter mit dem kochenden Wasser übergießen, 12 Stunden lang ziehen lassen. Dann abgießen, die Blätter gut ausdrücken und mit dem Zucker auf kleiner Flamme zu einem Sirup einkochen lassen, abschäumen und in kleine Fläschchen füllen.

Lavendelblütensirup

In der Kräutermedizin verwendet man vom Lavendel die Blättchen und die Blütenähren. Lavendel hat eine beruhigende Wirkung auf das Nervensystem, hilft dadurch auch bei Kopfschmerzen, Migräne, Einschlafschwierigkeiten (vor dem Schlafengehen einnehmen!). Er fördert aber auch die Verdauung durch Anregung der Gallenbildung.

Im Volksaberglauben schützt Lavendel vor schwarzer Magie und dem „Bösen Blick".

Tageshöchstdosis Infus 20 – 30 g

Zutaten:

2 Handvoll frische Lavendelblüten
500 g Zucker
500 ml Wasser

Zubereitung:
Die Blüten mit dem Wasser und dem Zucker vermischen und zu einem Sirup einkochen, die Blüten entfernen und heiß abfüllen.

Lavendelschichtsirup

Zutaten:
frische Lavendelblüten
Zucker
Weithalsiges verschließbares Glasgefäß

Zubereitung:
Die frischen Blüten abwechselnd mit dem Zucker in das Glas schickten, beschweren und luftdicht verschließen. An einem warmen Ort etwa 3 Monate lang gären lassen. Dann alles gut auspressen, aufkochen und in Flaschen abfüllen.

Lavendelhonig

Zutaten:
2 Handvoll frische Lavendelblüten
200 ml Wasser
250 g Honig (Blütenhonig, noch besser Lavendelhonig)

Zubereitung:
Die Blüten in ein Steingutgefäß geben, mit dem kochenden Wasser überbrühen und bis zum nächsten Tag zugedeckt ziehen lassen. Nun abseihen und die Blüten gut auspressen, den Sud aufkochen lassen, etwas reduzieren. Etwas abgekühlt mit dem Honig gut vermischen, in Fläschchen füllen und kühl aufbewahren.

Mädesüss – Sirup

- *siehe unter* Blütensirup!
Nutzen Sie die schmerzstillende, entzündungshemmende, blutreinigende und fiebersenkende Wirkung des Mädesüß durch Einnahme des puren Sirups. Wirkt bei schmerzhaften Harnwegsinfektionen (trotzdem bitte den Arzt aufsuchen wenn die Infektion länger als 2 - 3 Tage dauert!).

Magenhonig

Ein magenstärkendes Rezept, das sozusagen als Digestif, also nach dem Essen, den Magen beruhigt. Da es mit nur einem geringen Alkoholgehalt hergestellt wird, wird es meist auch gerne von denjenigen genommen, die sonst keinen Alkohol nehmen wollen.
Wir verwenden hier bittere Kräuter, da die Bitterstoffe die Fettverdauung fördern. Außerdem helfen die Inhaltsstoffe bei Blähungen, Übersäuerung des Magens, Gallenbeschwerden und nervösen Störungen im Magen-Darm-Bereich. Sie werden sehen: dieser Verdauungshelfer ist einzigartig! Den Gebrauch aber bitte auf 1 x täglich beschränken, da Wermut durchaus abhängig machen kann.

Magenhonig mit Alkoholauszug

Zutaten:
2 EL Wermutblätter
4 EL Schafgarbe (Blüten und Blättchen, ohne Stiele)
3 EL Beifusskraut
150 ml 90 % igen Alkohol (Apotheke)
500 g Waldhonig

Zubereitung:
Die Wermut- und die Beifussblätter fein zerschneiden, zusammen mit den Schafgarbenblüten in ein weithalsiges Glas geben, den Alkohol darüber gießen. Das Glas verschließen und 4 Wochen lang dunkel ausziehen lassen.
Abseihen und mit dem (nicht über 40 Grad) angewärmten Honig vermischen, in ein Glas oder, noch besser in mehrere kleine Gläschen geben.

Magensirup

Zutaten:
Kräuter wie oben
300 ml Wasser
500 g Zucker

Zubereitung:
Die gehackten Kräuter in ein hitzebeständiges Glas füllen. Aus dem Wasser und dem Zucker einen dickflüssigen Sirup kochen. Diesen kochendheiß über die Kräuter geben, 10 Minuten lang ziehen lassen, dann abseihen und noch warm in kleine Fläschchen oder Gläser geben.

Malvensirup
Die Malve wird wie der Eibisch bei trockenem Husten verwendet, da sie auch einen hohen Schleimgehalt hat. Besonders wirksam ist die Kombination Malve, Eibisch und Huflattich bei Reizhusten und Bronchitis. Sie soll auch bei Magen- und Darmstörungen und Hals- und Mandelentzündungen hilfreich sein. Getrocknet werden hier die Blüten und Blätter der Malve. Der als Malventee im Handel verkaufte Tee ist übrigens normalerweise ein Hibiskusblütentee, der nicht die Heilwirkung dieser auch als Käsepappel bezeichneten Pflanze hat. Aufgrund des hohen Schleimstoffgehaltes stellen wir hier einen Kaltauszugextrakt her.
Tageshöchstdosis Infus 50 g

Zutaten:
5 Esslöffel getrocknete oder
2 Handvoll frische Malvenblüten und Malvenblätter
300 ml Wasser
500 g Waldhonig oder Eukalyptushonig

Zubereitung:
Die Malvenblätter und Blüten in einem Porzellan- oder Glasgefäß mit dem Wasser vermischen. Über Nacht ausziehen lassen, dann abseihen. Kurz aufkochen lassen und etwas abgekühlt dann mit dem Honig vermischen. In Fläschchen abfüllen und kühl aufbewahren.

Mannasirup
= Abführsirup
Mannasirup wird aus der Rinde der Manna-Esche gewonnen. Die gesammelte Rinde wird eingeschnitten, der Saft bildet, an der Luft getrocknet, das Manna. Er ist blassgelb und leicht wasserlöslich. Manna wirkt als mildes Abführmittel und ist auch für Kinder geeignet. Man nimmt mehrmals täglich 1 Teelöffel ein.

Achtung: Abführmittel niemals dauernd oder über einen längeren Zeitraum einnehmen, da sich der Darm ansonsten daran gewöhnt und immer träger wird!

Zutaten:
100 g Manna
45 g 90 % iger Weingeist (Apotheke)
300 g Wasser (für den Auszug)
500 g Zucker
200 g Wasser (für den Sirup)

Zubereitung:
Das Manna in dem heißen Wasser auflösen, den Alkohol zugeben und 12 Stunden lang ruhen lassen. Dann den Zucker mit dem Wasser zu einem Sirup kochen, mit dem filtrierten Mannaauszug vermischen und abfüllen.

Maulbeersirup

Maulbeeren sollen bei Leberleiden helfen, von diesem Sirup vor dem Essen jeweils 1 EL voll einnehmen.

Hildegard`s Lebersirup

Zutaten:
6 EL Maulbeeren
500 ml guter trockener Rotwein
500 ml Akazienblütenhonig oder Waldhonig
2 EL Weinessig

Zubereitung:
Die Maulbeeren mit dem Essig im Wein etwa 5 Minuten lang kochen lassen, dann abschäumen, und absieben. Die Mischung etwas abkühlen lassen und mit dem Honig vermischen. In Fläschchen füllen und kühl aufbewahren.
Anwendung siehe oben.
Tipp: sind nur die getrockneten Maulbeeren erhältlich, so verwendet man 5 El davon und kocht sie im Wein, bis sie weich sind. Danach wie vor weiterverarbeiten.

Meerrettichsirup

Dieser Sirup wirkt auswurffördernd, man verwendet ihn bei chronischem langwierigem Husten und Bronchialkatarrh, Stirn- und Nebenhöhleninfekten sowie bei Asthma, Heiserkeit und angeblich auch bei vorzeitigem, krankhaften Ausbleiben der Monatsregel. Man nimmt hiervon morgens uns abends 1 Esslöffel voll ein. Bitte verwenden Sie nur den frischen Meerrettich des Frühjahrs, denn nur dann entwickelt er seine vollen Heilkräfte. Meerrettich soll nach Hildegard von Bingen auch nicht dauernd gegessen werden sondern nur vorübergehend.
Tageshöchstdosis Abkochung 10 g
3 x täglich 1 Teelöffel bis zu einem Esslöffel voll einnehmen.

Zutaten:
1 mittelgroße, frische Meerrettichwurzel (möglichst Bioware)
250 g braunen Zucker

Zubereitung:
Den Meerrettich in Scheiben schneiden. Abwechselnd mit dem Zucker in ein Gefäß (Glas oder Steingut) geben. Den heraustretenden Saft abgießen und in ein kleines Gefäß geben, im Kühlschrank aufbewahren und innerhalb von 5 bis 7 Tagen aufbrauchen.

Meerrettichhonig

Hilft gegen Husten und Schnupfen

Zutaten:
500 g Waldhonig oder Manukahonig
1 mittelgroße Meerrettichwurzel

Zubereitung
Den Meerrettich fein reiben (Achtung, scharf!). Abwechselnd mit dem Honig in ein Glas geben. Das Ganze 24 Stunden lang an einem kühlem Ort durchziehen lassen, danach auspressen und die Flüssigkeit in kleine Fläschchen füllen. Entweder

1. im Kühlschrank lagern und innerhalb 1 Woche verbrauchen oder
2. im Wasserbad pasteurisieren 30 Minuten lang bei 60 Grad.

Die 1. Variante ist sicherlich noch wirksamer.
Tipp für „Hartgesottene“: Die gleiche Menge geriebenen Meerrettichwurzel mit Honig vermischen, die Mischung esslöffelweise (bis zu 3 EL am Tag) einnehmen!

Migränesirup

Von diesem Sirup kann im akuten Fall, aber auch vorbeugend gegen Migräne 3 x täglich 1 Tl voll eingenommen werden. Die Behandlung ist nach einer Dauer von 6 Wochen zu unterbrechen.

Zutaten:
1 EL Weidenrinde
1 EL Kamille
1 EL Mutterkraut
1 EL Schafgarbe
1 EL Schlüsselblume
1 EL Hopfen
1 EL Johanniskraut
1 EL Lavendel
1 EL Tausendgüldenkraut
500 g Honig

Zubereitung:
Den Honig in einem Topf erwärmen, aber nicht kochen lassen. Die (getrockneten) Kräuter dazugeben. Gut durchrühren und über Nacht an einem kühlen Ort ruhen lassen. Am nächsten Tag dann das Honig – Kräuter – Gemisch langsam und unter Rühren auf dem Herd erwärmen, bis es richtig heiß ist. Dann 10 Minuten lang ziehen lassen und durch ein Sieb pressen und abfüllen.

Mohnsirup

- *siehe* Klatschmohnsirup

Pfingstrosensirup

= Päoniensirup
Die Wurzeln der Pfingstrose wurden früher oft als Gichtmittel verwendet, sie wirkt auch entkrampfend. Man nimmt dabei nach Bedarf 1 Esslöffel voll ein.
Tageshöchstdosis Infus 20 g

Zutaten:
20 g Pfingstrosenwurzel
500 ml Wasser
10 g 70 % iger Weingeist
400 g Zucker

Zubereitung:
Die Wurzel klein schneiden, mit dem Wasser und dem Alkohol übergießen und 6 Stunden lang ziehen lassen. Dann abseihen, den Zucker zugeben, aufkochen bis er leicht eindickt, abschäumen und heiß abfüllen.

Queckenhonig

Die Wurzeln der Quecke haben eine blutreinigende und harn- und schweißtreibende Wirkung. Der Queckenhonig wird, ebenso wie der Queckensirup, bei Brustkatarrh, Husten und Verschleimung verwendet (1 - 2 EL am Tag).
Tageshöchstdosis Abkochung 30 – 50 g

Zutaten:
100 g Queckenwurzel
250 g Waldhonig
Wasser

Zubereitung:
Die sauberen Wurzeln klein schneiden und in wenig Wasser etwa 45 Minuten lang weich kochen, abseihen. Die Flüssigkeit abmessen und etwas abgekühlt mit dem Honig vermischen (auf 200 ml Sud 250 g Honig). Sofort in Fläschchen füllen und kühl aufbewahren.

Queckensirup

Anwendung siehe Queckenhonig.

Zutaten:
100 g Queckenwurzel
250 g Zucker
Wasser

Zubereitung:
Die sauberen Wurzeln klein schneiden und in wenig Wasser etwa 45 Minuten lang weich kochen, abseihen. Die Flüssigkeit abmessen und mit Wasser auf 200 ml verlängern. Mit dem Zucker zu einem Sirup einkochen lassen. Abschäumen, in Fläschchen füllen und kühl aufbewahren.

Quittensirup

Hildegard von Bingen setzt Quitten gerne als Kur bei Gicht und Rheuma ein, sie sollen sie die Gichtstoffe aus dem Körper leiten. Die Sorte ist dabei egal.
Dieser Sirup schmeckt nicht nur gut, er soll auch verdünnt mit lauwarmem Wasser bei Halsschmerzen helfen (gurgeln!). Da die Quitte eine adstringierende Wirkung hat, ist der Saft und der Sirup auch zur Förderung der Verdauung verwendbar.

Zutaten:
3 kg Quitten
1,5 L Wasser
500 g Zucker

Zubereitung:
Die Quitten waschen, trocknen und mit einem Tuch abreiben, bis die etwas pelzige Schale sauber ist. Dann schälen und in Stücke schneiden, den Blütenansatz, Kernhaus und Stiel wegschneiden. Mit dem Wasser und dem Zucker aufsetzen und langsam zum Kochen bringen. 1 Stunde lang nur ziehen lassen und nicht kochen. Durch ein feuchtes Tuch drücken, den Saft nochmals erhitzen aber nicht kochen lassen, abschäumen, dann noch heiß in die Flaschen abfüllen und kühl lagern. Möglichst bald verbrauchen.

Schneller Quittensirup

Zutaten:
3 kg Quitten
Wasser
Zucker

Zubereitung:
Die ganzen, gewaschenen Quitten mit wenig Wasser weich kochen lassen. Dann fest durch ein feuchtes Tuch drücken. Den erhaltenen Saft mit Zucker (auf L Saft 1,5 kg Zucker) zu einem Sirup einkochen und abschäumen. In Flaschen füllen und kühl aufbewahren.

Römischer Quittensirup

ein Rezept nach dem römischen Arzt Galen, soll besonders schwächlichen und kränkelnden Personen helfen
Zutaten:
2 kg Quitten
flüssiger Honig (evt. Waldhonig)

Zubereitung:
Die Quitten in Stücke schneiden und in einen Steinguttopf füllen. Mit dem Honig auffüllen und mit Weidenzweigen (heute würde man wohl Pergamentpapier verwenden) abdecken. An einem kühlen Ort ruhen lassen bis sich die Flüssigkeit absetzt, dann abschäumen und durchsieben. Nun in Flaschen abfüllen, kühl aufbewahren.
Wir empfehlen täglich 2 Schnapsgläschen davon .

Rhabarbersirup

(Sirupus Rhei)
Rhabarbersirup als Erfrischungsgetränk siehe bei Trinksirup.
Mehrmals am Tag 1 Teelöffel voll eingenommen wirkt er abführend und appetitanregend. Schwangere und Rheumakranke sollten ihn nicht zu sich nehmen! Das im Rhabarber enthaltene Rhabarberin ist ein wirksamer ätherischer Bestandteil, das anregend wirkt auf die Verdauungsorgane und lymphatischen Blutgefäßnerven. In kleinen Mengen wirkt Rhabarber also magenstärkend, in größeren abführend, wobei er nicht als dauerndes Abführmittel verwendet werden darf sondern nur bei einer einmaligen Darmentleerung, da sonst die Wirkung versagt und es zu Verstopfung kommen kann.
Tageshöchstdosis Gartenrhabarber Infus 20 g

Zutaten:
200 g Rhabarberstücke (bio oder aus dem Garten)
20 g Kaliumcarbonat (Apotheke)
1,6 L Wasser
400 ml Zimtwasser
(1 Zimtstange, 5 Tage in Wasser eingelegt, dann mit etwas Alkohol haltbar gemacht)
2,4 kg Zucker

Zubereitung:
Die Rhabarberstücke im Wasser sanft weich kochen lassen. Durch ein feines Sieb passieren, bis man eine klare Flüssigkeit erhält. Den Zucker zugeben und mit dem Kaliumcarbonat zu einem Sirup einkochen lassen auf kleiner Stufe. Zum Schluss das Zimtwasser zugeben und abfüllen.

Rosenhonig

Die Blätter der Gartenrose werden hier verwendet, der Rosenhonig soll Kindern bei Durchfall helfen (verdünnt 1 Teil Rosenhonig auf 9 Teile Wasser) und zu Auswaschungen bzw. Spülungen bei Mundsoor.

Zutaten:
10 g Rosenblätter
50 g 60 % iger Weingeist (Apotheke)
90 g Honig

Zubereitung:
Die frisch gepflückten Rosenblätter etwas zerschneiden, mit dem Weingeist übergießen und 24 Stunden lang ruhen lassen. Den Auszug dann abpressen und mit dem Honig vermengen. Dieses Gemisch im Wasserbad reduzieren lassen auf etwa 90 g und noch heiß abfüllen, kühl aufbewahren.

Spitzwegerichsirup

Spitzwegerich ist problemlos zu sammeln, nur beim Trocknen für den Vorrat ist Vorsicht geboten, denn es dürfen sich dabei keine dunklen Flecken auf den Blättern bilden – sofort aussortieren! Sammeln sollte man nur an sonnigen Tagen, wenn die Staubgefäße gerade so aus den Blüten „herausspitzen“.
Spitzwegerich wirkt bakterien- und keimhemmend, enthält antibiotische Substanzen und ist schleimlösend bei festsitzendem Husten und Erkältung.
Es wird mehrmals täglich 1 Teelöffel dieses Sirups empfohlen, er ist also nicht für den Dauergebrauch als Getränk geeignet.

Tageshöchstdosis Abkochung 35 g

Zutaten:
2 Hände voll frischer Spitzwegerichblätter
100 ml Wasser
300 g Zucker
250 g Honig (am besten Wald-, oder Tannenhonig)

Zubereitung:
Die gewaschenen Blätter durch einen Entsafter drücken. Den gewonnenen Saft wieder mit den Blättern mischen und mit dem Wasser und dem Zucker bei niedriger Hitze etwa 5 Minuten lang zugedeckt leicht kochen lassen bis der Zucker gut gelöst ist und der Saft eindickt. Abschäumen , abseihen, die Blätter gut ausdrücken, danach abkühlen lassen und dann (bei etwa 40 °C) mit dem Honig verrühren, in Flaschen füllen.

Spitzwegerich – Schichtsirup

Zutaten:
2 – 3 Handvoll Spitzwegerichblätter
Rohrohrzucker
Pergamentpapier
1 großes Glas

Zubereitung:
Die gewaschenen Blätter abwechselnd mit dem Zucker in das Glas schichten, bis es voll ist. Dann 1 Tag lang ruhen lassen, bis die Mischung sich gesetzt hat und nochmals nachfüllen. Das Glas mit Pergamentpapier in 5 Schichten zudecken. Im Garten ein Loch graben und das Glas hineinstellen, darauf achten, dass es noch gut herausschaut, damit man es mit einem Brett beschweren kann (evt. noch einen Stein oben drauflegen). Das Ganze dann mehrere Monate lang vergären lassen. Vor Einbruch der Nachfröste das Glas wieder herausnehmen und die Mischung durch durchpressen (evt. im Entsafter). Den Saft nun aufkochen lassen, evt. nochmals Zucker zugeben damit er schön dickflüssig ist, abschäumen und noch heiß abfüllen.

Spitzwegerichhonig

Zutaten:
2 Handvoll frische Spitzwegerichblätter
200 ml Wasser
200 g Waldhonig

Zubereitung:
Die sauberen Spitzwegerichblätter hacken und mit dem Wasser 10 Minuten lang zugedeckt auf niedriger Stufe kochen lassen. Abseihen und gut durchpressen. Den Sud noch lauwarm mit dem Honig vermischen, in Fläschchen füllen und kühl aufbewahren.

Spitzwegerich - Kandissirup

Zutaten:
500 g Spitzwegerichblätter
1000 g brauner Kandiszucker
500 g Zucker
2 L Wasser
1 unbehandelte Zitrone
1 unbehandelte Orange
1 Vanilleschote
7 g Zitronensäure

Zubereitung:
Die Blätter mit kaltem Wasser waschen und grob hacken. Mit der aufgeschlitzten Vanilleschote und den in Scheiben geschnittenen Zitrusfrüchten, dem Wasser und dem Kandiszucker in einen Topf geben und 1 x aufkochen lassen, danach auf kleiner Flamme 30 Minuten lang ziehen lassen. Durch ein feuchtes Tuch filtern, gut auspressen. Nun den Zucker zugeben sowie die Zitronensäure und bei milder Hitze noch 30 Minuten lang zu einem Sirup einkochen. Abschäumen und noch heiß in die Flaschen füllen, dann kühl und dunkel lagern.

Spitzwegerich - Kräutersirup

Zutaten:
wie Spitzwegerich - Kandissirup, zusätzlich mit dem Spitzwegerich noch mitkochen:
1- 2 Handvoll Huflattich- oder Löwenzahnblüten oder Holunderblüten

Tannennadelsirup

- *siehe* Fichtennadelsirup

Taubnesselblütensirup

Die weiße Taubnessel (ebenso kann die rötliche bzw. lilafarben blühende Taubnessel verwendet werden) ist hilfreich bei Nieren- und Blasenschwäche, wirkt schmerzlindernd und hilft bei Unterleibskrämpfen, Reizhusten und Verschleimung. 1 EL dieses Sirups vor dem Schlafengehen beruhigt und verbessert den Schlaf. Beim Sammeln ist zu beachten, dass die Pflanze öfters gewendet wird und das Trocknen länger dauert (weil die Stängel länger brauchen, bis sie trocken sind).

Zutaten:
1 Handvoll frisches Taubnesselkraut
250 g kaltgeschleuderter Blütenhonig
1 Schraubglas

Zubereitung:
Die festen Stiele der Taubnessel abschneiden, dabei den gesamten oberen Teil der Pflanze verwenden, ab dem die Blüten stehen. Die Taubnessel säubern, feste Pflanzenteile entfernen und möglichst fein zerhacken. Mit dem Honig vermischen und in ein weithalsiges Gefäß geben. Bei Bedarf einnehmen, wenn möglich mit den Kräutern gut durchkauen!

Thymiansirup

Thymian soll auf keinen Fall bei Schilddrüsenerkrankungen verwendet werden! Nicht in zu hohen Dosen einnehmen. Durch seine schleimlösenden und auswurffördernden Eigen-schaften ein sehr gutes Hustenmittel bei Bronchitis, Keuchhusten und chronischem Husten.
Tageshöchstdosis Trockensubstanz 10 – 15 g

Zutaten:
2 Handvoll Thymianblüten und Stängel
Wasser
Rohrohrzucker

Zubereitung:
Das ganze Thymiankraut grob hacken und schichtweise mit dem Rohrzucker mit angefeuchteten Händen (damit die Mischung nicht zu trocken ist) in ein Glasgefäß geben. Alles nun 3 Wochen lang zugedeckt ziehen lassen. Mit etwas Wasser aufgießen und zu einem Sirup kochen lassen, nicht zu dick- aber auch nicht zu dünnflüssig sollte er sein. Dazu etwa zweimal aufkochen lassen und überprüfen. Abschäumen, abseihen und heiß in kleine Flaschen füllen.

Thymianhonig

Zutaten:
1 Handvoll Thymiankraut
200 ml Wasser
500 g Wald- oder Thymianhonig

Zubereitung:
Das Thymiankraut in dem Wasser aufkochen, 30 Minuten lang ziehen lassen, abseihen und noch warm mit dem Honig vermischen. In Fläschchen füllen und kühl lagern, bald verbrauchen.

Veilchensirup

Für den Veilchensirup benötigt man die Blätter des einfachen wohlriechenden Veilchens (*flores violarum, viola odorata*), die man pflückt, ehe sie zu sehr aufgeblüht oder ver-welkt sind. Die Blütenkelche und evt. grüne Blätter werden vor der Verarbeitung entfernt.
Veilchensirup wurde bereits im Mittelalter verwendet, er lindert Schlaflosigkeit und Husten (schleimlösend), Bronchitis und ist herzstärkend.
Tageshöchstdosis Infus 25 – 30 g

Aromatischer Veilchensirup

Zutaten:
100 g frisch gepflückte Veilchenblätter
1 Zitrone (unbehandelt)
1 kg Zucker
1 L Wasser
kleine Flaschen

Zubereitung:
Die frischen Veilchenblätter (ohne Grün!) in eine Glas – oder Porzellanschüssel geben. Die Schale der Zitrone abreiben und dazuschütten. Das Wasser aufkochen und soviel über die Veilchen gießen, dass sie gerade bedeckt sind. Abdecken und über Nacht ruhen lassen an einem kühlen Ort. Dann den Saft abpressen und filtern, mit der gleichen Menge Zucker und dem Saft der Zitrone vermischen. Auf schwacher Hitze in einem Topf erhitzen, bis sich der Zucker gelöst hat, abschäumen, falls sich Schaum bildet. Den fertigen Sirup noch heiß in die vorgespülten Flaschen füllen, verschließen und kühl und dunkel lagern.
Durch die Zugabe vom Zitronensaft kann sich die Farbe des Sirups verändern.

Veilchenhonig

Zutaten:
150 g Veilchenblüten
750 ml destilliertes Wasser (alternativ Mineralwasser ohne Kohlensäure)
750 Akazienblütenhonig

Zubereitung:
Die Veilchenblüten mit dem etwas kochenden Wasser überbrühen, leicht ausdrücken (um die Schleim- und Gärungsstoffe zu entfernen) und das Wasser wegschütten. Die Blüten und in einen Steintopf geben, mit dem destillierten Wasser auffüllen. Nun 12 Stunden bei Zimmertemperatur ziehen lassen und danach gut durch ein feuchtes Leintuch drücken. Den Saft einige Stunden lang setzen lassen und den violetten Teil vorsichtig abgießen, einen eventuell vorhandenen grünlichen Anteil wegschütten. Den so erhaltenen Saft abwiegen und im Wasserbad vorsichtig mit dem Honig kurz sieden lassen. Danach abschäumen und noch heiß in Flaschen füllen.

Verdauungshonig

- *siehe* Magenhonig

Wacholdersirup

Wacholder ist eine der ältesten Gewürz- und Heilpflanzen. Die Ernte der Wacholderbeeren im Herbst ist eine mühselige Arbeit, denn die kleinen Stacheln der Wacholderzweige haben es in sich. Man kann sie auch in der Apotheke besorgen (nicht aus dem Gewürzregal des Supermarktes, die in der Apotheke erhältlichen Kräuter haben meist einen wesentlich höheren Anteil an ätherischen Ölen und sind kontrolliert!).
Dieser Sirup wird vor dem Essen eingenommen, vor allem bei Erkrankungen der Atemwege und Lungentuberkulose. Kinder erhalten 3 x täglich 1 Stunde vor dem Essen 1 Tl, Erwachsene 2 TL. Eignet sich auch als stoffwechselanregende Frühjahrs-Kur (morgens und abends je 1 EL vor den Mahlzeiten).
Achtung: ersetzt bei schweren Atemwegserkrankungen oder TBC nicht den Arztbesuch! Schwangere und Nierenleidende sollten auf Wacholderbeeren verzichten oder zumindest Absprache mit dem Arzt halten.
Tageshöchstdosis Infus 20 – 25 g

Zutaten:
200 g Wacholderbeeren
900 ml Wasser
600 g Waldhonig

Zubereitung:
200 g Wacholderbeeren in kaltem Wasser über Nacht stehen lassen. Danach langsam erhitzen und 5 Minuten lang sanft weich kochen lassen, den Sud abgießen, aber nicht wegschütten! Die Beeren mit dem Stößel zerdrücken und durch ein Sieb passieren. Den nicht passierten Teil (Rückstand) mit einem Teil des Kochwassers dann nochmals aufkochen, wieder durchpassieren, und nochmals wiederholen. Nun das Kochwasser und das passierte Mus mischen wieder und soviel Honig zusetzen, dass ein dicker Sirup entsteht. Auf 500 ml Wacholdersud nimmt man dabei etwa 600 g Honig.

Ysopsirup

Hilft wunderbar bei Erkältungskrankheiten (Husten und Katarrh, zum Gurgeln bei Halsentzündung, seltener bei Blähungen), sofort bei den ersten Anzeichen 3 x täglich 1 EL im Mund zergehen lassen. Erwähnung findet der Ysop bereits in der Bibel und ist als Heil- und Gewürzpflanze seit der Antike bekannt.
Tagesdosis Infus 30 – 40 g

Zutaten:
3 getrocknete Feigen
1 EL Anissamen
1 EL Fenchel (Samen)
1 EL Ysop
1 EL Rosinen
1 L Wasser
Honig

Zubereitung:
Alles in das kochende Wasser geben und auf die Hälfte reduzieren lassen. Dann durchpassieren und in die noch warme Flüssigkeit den Honig einrühren bis er sich aufgelöst hat. Abfüllen in kleine Gläschen und im Kühlschrank aufbewahren. Bald verbrauchen.

Zwiebelhonig

Hilft bei erkältungsbedingten Kopfschmerzen mit Schnupfen und wirkt bakterienabtötend sowie schleimlösend.
Man nimmt bei Bedarf mehrmals täglich 1 EL und bereitet ihn nur bei Erkrankung zu, nicht auf Vorrat!

Zutaten:
2 mittelgroße Zwiebeln
5 EL Waldhonig

Zubereitung:
Die Zwiebel klein schneiden oder reiben und mit dem Honig verrühren. Von diesem Saft etwa alle 30 Minuten einen EL davon einnehmen.

Teil III
Anhang

Sammelkalender

Akazie
siehe Robinie

Angelika (Engelwurz) a*rchangelica officinalis Hoffm.*
Edle Angelika, Brustwurz, Engelswurzel
gesammelt werden die Stängel, Wurzeln, Blätter und Samen im September bis Oktober. Die Pflanze muss vor der Verwendung erst 2 Jahre lang gelagert werden! Verwechslungsgefahr mit dem hochgiftigen Schierling!

Anis *Pimpinella anisum*
gesammelt werden die Samen im September, möglichst im schattigen Freien trocknen

Apfel *malus domesticus*
gesammelt werden die Blüten April bis Mai oder die Früchte ab August (je nach Sorte)

Bärwurz *radix mei*

Beifuss *artemisia vulgaris*
Gemeiner Beifuss, Wilder Wermut, Gänsekraut
gesammelt wird das Kraut mit den geschlossenen Blütenkörbchen im Juli bis September

Berberitze *berberis vulgaris*
Sauerdorn, Essigdorn, Essigbeere, Dreidorn
gesammelt werden die reifen Beeren im August/September, die Rinde und Wurzeln im Frühjahr (März/April) oder Herbst (November)

Brennessel
- **Große** *urtica dioica*
- **Kleine** *urtica urens*

gesammelt werden von beiden Arten die jungen Sprossen und Blätter vor der Blüte im März bis Juni (Handschuhe!), unter häufigen Wenden im Schatten trocknen

Brombeere *rubus fructicosus*
gesammelt werden die Blätter im Frühjahr (April bis Mai), sowie die Beeren im Herbst (August bis Oktober, je nach Sonnenlage)

Bruchkraut *herniaria glabra L.*
Tausendkorn
gesammelt wird das blühende Kraut mit Wurzeln im Juli bis August

Eberesche *sorbus aucuparia L.*
Vogelbeere
gesammelt werden die Beeren im Herbst (September bis Oktober), nur gekocht verzehren, da sie sonst Durchfall hervorrufen!

Ehrenpreis *veronica officinalis*
Männertreu
gesammelt wird die ganze Pflanze während der Blüte im Mai/Juni

Eibisch *althea officinalis*
Weiße Malve, Heilwurz
gesammelt werden die Blätter und Blüten im Juli, die Wurzel im Herbst (ausgraben, die Wurzelhaare entfernen und reinigen, dann schälen und trocknen)

Eiche *quercus sessilis Ehrh.*
Wintereiche, Traubeneiche, Steineiche
gesammelt wird nur die borkenfreie Rinde der jüngeren (5 bis 10 Jahre alten) Stämme oder die Wurzelschösslinge im Frühjahr noch bevor die Blätter austreiben

Erdbeere *fragaria vesca L.*
gesammelt werden die Beeren, die Blätter und Wurzeln

Fichte p*icea excelsa L., abies excelsa de Cand.*
Schwarztanne, Rottanne, Kreuztanne, Rotfichte, Pechtanne, Gräne, Taxen, Harztanne, Tannenbaum, Feichte
gesammelt werden die jungen Sprossen und Nadeln, wenn die Triebe noch hellgrün sind, im Frühjahr (bitte nicht nur von einem Baum nehmen, sondern nur soviel, dass er keinen Schaden nimmt!)

Gänseblümchen *bellis perennis*
Tausendschönchen, Maßliebchen
gesammelt werden die Blüten und Knospen ab Frühjahr bis in den Sommer

Gojibeeren vom *lycium barbarum*
Gemeiner Bocksdorn, Chinesische Wolfsbeere, Gemeiner Teufelszwirn
Gesammelt werden die Beeren

Hagebutten *rosa canina*
Hundsrose
gesammelt werden
die Früchte im August, die Blüten im Juni

Heidelbeeren *vaccinium myrtillus*
Blaubeere, Waldbeere
gesammelt werde die Blätter vor der Fruchtreife im Mai/ Juni und die Beeren im August.

Himbeere *rubus idaeusL.*
gesammelt werden die Beeren im August, die Blätter im Juni/Juli

Holunder, schwarzer *sambucus nigra*
Holde, Fliederbusch, Mausflieder
gesammelt werden die Blüten im Juni und Juli,
die Beeren im September und Oktober sowie die jungen Blätter im April

Holunder, roter *sambucus racemosa*
Traubenholunder, Bergholunder
gesammelt werden die Beeren im Juli und August

Huflattich *tussilago farfara*
gesammelt werden einmal die Blüten im März/April sowie die Blätter im Juni/Juli, die sich nach der Blüte entwickeln

Jasmin, falscher *philadelphus coronarius*
gesammelt werden die voll erblühten Blütenblätter abends im Juni/Juli

Johannisbeere, rot *ribes rubrum*
gesammelt werden die reifen Beeren im August

Johannisbeere, schwarz *ribes nigrum*
gesammelt werden die reifen Beeren im August, die Blätter (nicht der Stängel!) im Juli

Johanniskraut *hypericum perforatum*
Blutkraut, Hartheu, Tüpfelhartheu
gesammelt werden die Blüten im Juni/Juli und das blühende Kraut im Juni bis August

Kalmus *acorus calamus*
Magenwurz, Deutscher Ingwer
gesammelt wird der Wurzelstock im März/April oder September/ Oktober, möglichst schnell trocknen unter häufigem Wenden, evt. auch bei sanfter Ofenwärme

Karotte *daucus carotaL.*
Möhre
gesammelt wird die Frucht = Wurzel nach ihrer Reife, etwa September

Kiefer *pinus silvestris*
gesammelt werden die jungen Nadeln im Mai bis Juni

Klatschmohn *Papaver rhoeas L.*
gesammelt werden die roten Blütenblätter von Mi bis Juli

Kornelkirsche *cornus mas*
Dirlitze
gesammelt werden die scharlachroten Früchte im August bis Oktober, manchmal auch noch bis November

Lavendel *lavandula officinalis, lavandula spica*
gesammelt werden die Blüten ab August

Linde
- **Sommerlinde** *tilia platyphyllos*
- **Winterlinde** *tilia cordata*

gesammelt werden die Blüten beider Lindenarten im Juni/ Juli, gut ausbreiten und im Schatten unter gelegentlichem Umwenden trocknen

Löwenzahn *taraxacum officinale*
Kuhblume, Pusteblume
gesammelt werden die Blätter (für Salat) im März,
die Blüten im März/April, wenn sie jung sind aber voll erblüht sind und die Wurzel im Herbst. An der Luft durchtrocknen, später in Ofennähe nachtrocknen lassen

Mädesüss *filpendula ulmaria*
Wiesengeißbart, Spierstaude, Wiesenkönigin
gesammelt werden die jungen Blätter April bis Juni, die Blüten im Juni/Juli, die Wurzeln im Frühjahr oder Herbst

Malve
- **Wilde Malve** *malva silvestris*
- **Wegmalve** (Käsepappel) *malva neglecta*

gesammelt werden Blüten und Blätter beider Malvenarten von Juli bis August.
Schonend trocknen, wobei die Blätter stark schrumpfen

Manna-Esche *fraxinus ornus L.*
Blüten-, Blumen-, Zwergesche
gesammelt wird die Rinde

Mate *ilex paraguariensis*
gesammelt werden in Südamerika die Blätter dieses immergrünen Strauches

Maulbeere *morus nigra*
Schwarze Maulbeere
gesammelt werden die reifen Beeren von August bis September, sie müssen sofort nach dem Pflücken verarbeitet oder gegessen werden, da sie sehr schnell verderben

Meerrettich *cochlearia armoracia L.*
gesammelt wird die Blüte im Mai bis Juli und die Wurzel im Herbst

Melisse *Melissa officinalis*
gesammelt werden die Blätter ab Juni und Juli kurz vor und während der Blüte.
Schonend an einem luftigen Schattenplatz unter häufigem Wenden trocknen

Pfefferminze *mentha piperita*
gesammelt wird das Kraut kurz vor und nach der Blüte im Juni - August. Nur im luftigen Schatten trocknen, da sonst die flüchtigen ätherischen Öle stark schwinden

Pfingstrose *paeonia officinalis L.*
= Gichtrose Pfundrose
gesammelt wird der Wurzelstock März bis April und September bis Oktober

Preiselbeere *vaccinium vitis-idaea*
Preisselbeere, Kronsbeere Speckbeere

Quecke *agropyron repens*
Graswurzel, Wurmgras, Hundsgras, Schnurgras
gesammelt werden die Wurzeln im März/April oder September/Oktober
in der Apotheke als *rhizoma graminis* erhältlich

Quitte *cydonia oblongata*
die Früchte werden im August/September geerntet

Rhabarber *Rheum officinalis baillon*
gesammelt werden die jungen Blattstängel im Frühjahr ab Mai/Juni vor der Blüte, die Blätter nicht verwenden, sie sind durch den hohen Gehalt an Oxalsäure giftig!

Ringelblumen *calendula officinalis*
gesammelt werden die Blüten im Sommer

Robinie *robinia pseudoacacia*
Pseudoakazie, Scheinakazie
gesammelt werden die Blüten und Blätter

Rose *rosa centifolia L.*
gesammelt werden die Blütenblätter im Juni und Juli, wenn die Rose voll erblüht ist.

Rotklee *trifolium pratense*
gesammelt werden die Blüten im Frühsommer

Sanddorn *hippophae ramnoides*
gesammelt werden die reifen Beeren kurz vor Frostbeginn (mit einer Schere abschneiden wegen der Dornen, Achtung, die Beeren platzen leicht auf!).

Schafgarbe *achillea millefolium*
gesammelt werden die jungen Blättchen und die Blüten im Juni

Schlehe, Schwarzdorn, Bockbeerli *prunus spinosa L.*
gesammelt werden die Blüten im März/April kurz vor dem Aufblühen, die Beeren nach dem ersten Frost und die Rinde im Frühling oder Herbst

Spitzwegerich *plantago lanceolata*
gesammelt werden die Blätter nur an sonnigen Tagen ab April bis August, wenn bei den Blüten gerade die Staubgefäße sichtbar werden. Sofort nach dem Sammeln trocknen, dabei

gut aus-breiten und eventuell fleckig gewordene oder gequetschte Blätter unbedingt wegwerfen!

Taubnessel, gelbe und weiße
lamium galeobdolon und album
Falsche Brennessel, Bienensaug
gesammelt werden die Blüten und das junge Kraut ab Mai

Tee *camellia sinensis*
Schwarztee, schwarzer Tee
(fermentierter) schwarzer Tee, diverse Sorten, oft aromatisiert
Grüner Tee (nicht fermentiert, nur erhitzt nach der Ernte)
Weißer Tee (nur getrocknet)
gepflückt werden die Blattspitzen und folgenden zwei bis drei Blätter der jungen Triebe dieses Strauches. Der Anbau erfolgt vor allem in Asien (China, Indien, Ceylon, Taiwan, Tibet, Japan), aber auch in geringerem Maße in Afrika und Madeira

Thymian *thymus vulgaris*
gesammelt werden die Blüten und Blätter während der Blüte, ab Mai

Vanille *vanilla planifolia*
gepflückt werden die Schoten, Herkunftsland ist der Indische Ozean und Tahiti

Veilchen *viola odorata*
gesammelt wird die Blüte ohne Kelch im März bis April (nur im Schatten, an den ersten Blütetagen pflücken, dann auf Papier trocknen lassen!) sowie die Wurzeln im September/Oktober

Wacholder *juniperus communis*
Weihrauchbaum, Machandel, Feuerbaum gesammelt werden die Beeren dieses naturgeschützten Nadelholzes jeweils im Herbst jedes 2. oder 3. Jahres

Waldmeister *galium odoratum* = *asperula odorata*
gesammelt werden die Blätter kurz vor oder nach der Blüte(Mai).

Wermut *artemisia absinthum*
Bitterer Beifuss, Absinth
gesammelt wird das Kraut von Juli bis September, an einem luftigen schattigen Platz zum Trocknen aufhängen

Ysop *hyssopus officinale*
gesammelt werden die Blätter von Juli bis August

Zimt *cinnamonum ceylanicum*
verwendet wird die Zimtrinde, die es bei uns nur zu Kaufen gibt

Zitronenstrauch *Aloysia triphylla* syn. *Lippia citriodora*
Verbene

gehört zu den Verbenengewächsen, gesammelt werden die Blätter während der Blütezeit im Sommer und Herbst (nicht winterhart)

Wirkung und Anwendung von A bis Z

Abszesse
Angelika
Kamille

Akne
Brennessel
Thymian

Altersherz
Weißdorn
Rosmarin

Alzheimer
Johannisbeeren

Angina tonsillaris
-siehe Halsentzündung

Angstzustände
Johanniskraut
Melisse

anregend
Schwarzer Tee (Ziehdauer!)
Grüner Tee (Ziehdauer!)
Mate

antibakteriell
Fichte
Kiefer
Mädesüß
Meerrettich
Preiselbeere
Tanne
Vanille
Wacholder
Zimt
Zwiebel

antibiotisch
Kamille
Appetitlosigkeit
Angelika
Löwenzahn
Minze
Wacholder

appetitanregend
Angelika
Anis
Beifuss
Ehrenpreis
Löwenzahn
Kalmus
Schafgarbe
Thymian
Zimt

Arthrose
Löwenzahn
Wacholder

Arthritis
Quecke

Asthma
Fichte
Huflattich
Kiefer
Lärche

Melisse
Spitzwegerich
Tanne
Ysop

Atemwege
Anis
Eibisch
Fichte
Huflattich
Kamille
Kiefer
Lärche
Malve
Quecke
Spitzwegerich
Tanne
Taubnessel
Wacholder
Ysop
Zwiebel

Ausschläge
Ehrenpreis
Taubnessel
Waldmeister

Bauchschmerzen (unbestimmter Herkunft)
Eibisch
Kamille
Pfefferminze
(bitte bei andauernden Schmerzen den Arzt aufsuchen!)

beruhigend
Johanniskraut
Klatschmohn
Lavendel
Schwarzer Tee (Ziehdauer!)
Verbene (Zitronenstrauch)
Waldmeister

Bettnässen (psych. bed.)
Johanniskraut

Blähungen
Angelika
Anis
Bärwurz
Heidelbeere
Kalmus
Kamille
Pfefferminze
Thymian
Ysop

Blasenleiden
Brennessel
Ehrenpreis
Eibisch
Heidelbeere
Herniaria
Kamille
Karotte
Löwenzahn
Mädesüß
Preiselbeere
Taubnessel

Blutarmut
Anis
Brennessel

Blutdruck (hoher)
Anis
Gojibeere
Rosmarin
Veilchen
Wacholder
Ysop
Zwiebel

Blutdruck (niedriger)
Rosmarin
Sanddorn

blutreinigend
Brennessel
Ebereschenbeeren
Ehrenpreis
Holunder
Holunderblätter
Hundsrose
Kornelkirsche
Löwenzahn
Quecke
Schlehe
Taubnessel
Wacholder
Walderdbeere
Wildkirsche

Bronchitis
Angelika
Ehrenpreis
Eibisch
Fichte
Huflattich
Kiefer
Lärche
Quecke
Spitzwegerich
Tanne

Darmerkrankungen
Bärwurz
Berberitze
Brombeere
Eibisch
Ehrenpreis
Johanniskraut
Kamille
Pfefferminze
Wacholder

Darmpilze
Bärwurz-Birnenmus

Depressionen
Angelika
Johanniskraut
Melisse
Taubnessel

desinfizierend
Fichte
Kiefer
Lärche
Mädesüß
Meerrettich
Preiselbeere
Tanne
Wacholder
Zwiebel

Diabetes
Brennessel
Heidelbeere
Löwenzahn
Walderdbeere
Wegwarte
Zimtrinde

Drüsenschwellung
Malve

Durchblutung
- anregend
Angelika
Fichte
Kiefer
Lärche
Tanne
Waldmeister

Durchfall
Apfel(Kompott)
Brombeere
Eiche
Heidelbeere
Himbeere
Huflattich
Kamille
Mädesüß
Malve
Pfefferminze
Spitzwegerich
Taubnessel
Walderdbeere

entwässernd
- *siehe* harntreibend

Entzündung
Eiche
Heidelbeere
Huflattich
Johanniskraut
Kamille
Spitzwegerich
Waldmeister

Erbrechen
siehe Verdauungsstörungen

Erkältung
- allgemein
Holunderblüte
Huflattich
Hundsrose
Linde
Thymian
Ysop
Zwiebel

- stärkend bei:
Orangen
Sanddorn
Zitronen

Erschöpfung
Angelika
Johanniskraut
Melisse
Zitronenstrauch
(nervöse Erschöpfung)

Fettleibigkeit (Adipositas)
Kamille

Löwenzahn

Fettstoffwechsel -anregend
Beifuss
Schafgarbe
Vanille
Wermut

Fieber
Himbeeren und Himbeerblätter
Holunder
Esche
Kamille
Linde
Mädesüß

Frauenbeschwerden
Kamille
Schafgarbe
Taubnessel, weiße (Blüte!)

Frühjahrs-Kur
- *siehe* blutreinigend
- *siehe* stoffwechselanregend

Brennessel
Eibisch
Gänseblümchen
Hagebutten
Holunder
Löwenzahn
Möhre
Quecke
Taubnessel

Frühjahrsmüdigkeit
Brennessel
Löwenzahn

Furunkel
Eibisch
Kamille

Gallenbeschwerden
Beifuss
Berberitze
Lavendel
Löwenzahn
Minze
Quecke
Robinie (Pseudoakazie)
Wermut

Gallensteine
Brennessel
Eibisch
Löwenzahn
Kamille

Gastritis
Thymian

Gelbsucht
Löwenzahn
Minze
Waldmeister

Gicht
Angelika
Brennessel
Ehrenpreis
Esche

Holunder
Johanniskraut
Löwenzahn
Mädesüß
Quecke
Quitte
Wacholder
Wildkirsche
Zwiebel

Grippe
- *siehe* auch Erkältung
Angelika
Eibisch
Holunder
Kamille
Linde
Mädesüß
Thymian

Gürtelrose
Kalmus
Lavendel
Thymian
Rosmarin

Halsentzündung
Eibisch
Eiche
Heidelbeere
Huflattich
Kamille
Malve
Ysop (Gurgeln)

harntreibend
Berberitze
Brennessel
Esche
Fichte
Herniaria
Holunder
Hundsrose
Karotte
Kiefer
Lärche
Löwenzahn
Mädesüß
Melisse
Pfefferminze
Quecke
Schlehe
Tanne
Wacholder
Walderdbeere
Waldmeister

Harnwegserkrankungen
- infektiös
Heidelbeere
Mädesüß
Preiselbeere

Heiserkeit
Anis
Eibisch
Fichte
Huflattich
Kamille
Kiefer
Lärche
Pfefferminze
Tanne

Herzbeschwerden
- (nervöser Art)!
Lavendel
Melisse

herzstärkend
Galgant
(Pulver)
Veilchen

Husten
Anis
Fichte
Huflattich
Kiefer
Klatschmohn
Lärche
Linde
Malve
Quecke
Taubnessel
Thymian
Spitzwegerich
Veilchen
Wacholder
Ysop

Ischias
Brennessel
Kamille
Thymian

Keuchhusten
Anis
Eibisch
Klatschmohn
Wacholder

Koliken
- *siehe* Krämpfe

Kopfschmerzen
Lavendel
Pfefferminze
Holunder
Kamille
Waldmeister

Kräftigung
- *siehe* Stärkung

Krämpfe
Anis
Beifuss
Fichte
Kamille
Kiefer
Lärche
Minze
Schafgarbe
Schlehe
Robinie (Pseudoakazie)
Taubnessel
Thymian

Krampfadern
Berberitze
Johanniskraut (äußerlich)
Taubnessel

Kreislauf
Berberitze

Waldmeister

Nervosität
Johanniskraut
Klatschmohn
Lavendel
Melisse
Robinie (Pseudoakazie)
Zimt

Neurodermitis
Mohn
(gemahlener Samen)

Nierenbeschwerden
Herniaria
Mädesüß
Preiselbeere
Quecke

Nierensteine
(zur Vorbeugung von Koliken)
Brennessel
Eibisch
Herniaria
Hundsrose
Malve
Schlehe
Waldmeister
Zwiebel

Ödeme
- *siehe* harntreibend

Ohrenschmerzen
Eibisch
Kamille

Parkinson
(Morbus Parkinson)
Johannisbeere

Parodontose
Brennessel

Prostataleiden
Melisse
Rosmarin
Taubnessel, weiße (Blüte)

Reizhusten
Eibisch
Huflattich
Thymian

Rheuma
Angelika
Brennessel
Ehrenpreis
Esche
Fichte
Holunder
Johanniskraut
Kamille
Kiefer
Lärche
Löwenzahn
Mädesüß
Melisse
Quecke
Quitte
Rosmarin
Schlehe
Tanne

Wacholder
Walderdbeere
Wildkirsche

schlaffördernd
Angelika
Beifuss
Johanniskraut
Klatschmohn
Melisse

schmerzstillend
Angelika
Johanniskraut
Mädesüß
Minze

Schnupfen
Fichte
Kamille
Kiefer
Lärche
Pfefferminze
Spitzwegerich
Tanne

Schwächezustand
Johanniskraut
Rosmarin

schweißtreibend
Holunder
Linde
Mädesüß
Quecke
Schlehe
Waldmeister

Schwindelneigung
Melisse

Stärkung
Gojibeeren
Schisandra
Möhren

stimmungsaufhellend
Johanniskraut
Zimt

stoffwechselanregend
Brennessel
Gänseblümchen
Holunder
Johanniskraut
Löwenzahn
Schafgarbe
Schlehe
Wacholder
Zimtrinde

Stress
Johanniskraut
Kamille
Lavendel
Orangen
Rosmarin
Zitronen

Verdauungsstörungen
Anis
Hagebutte
Heidelbeere

Alphabetisches Rezeptverzeichnis

Quellen und Buchempfehlungen

www.wdr.de
www.kirchenweb.at
www.foodnews.ch
www.natur-forum.de
www.daskraeuterparadies.de
www.giftinfo.uni-mainz.de
www.br-online.de/freizeit/querbeet
www.bienengarten-kohlwald.de
www.manuka-honig.org
www.hofdirekt.de
www.wikipedia.de

Das neue Sirup – Kochbuch, Elisabeth Engler, Compbook, 2008,
ISBN 978-3-934473-02-7

Einmachen und Einlegen, Vergessene Leckerbissen aus 2 Jahrhunderten
Oskar Marti, Ein Poet am Herd, Herbst in der Küche, Hallwag, 1994
ISBN 3-444-10433-2

Oskar Marti, Ein Poet am Herd, Sommer in der Küche, AT Verlag, 2003
ISBN 3-85502-879-6

Giacomo Perini`s Schweizerzuckerbäcker oder genaue Unterweisung zur Anfertigung aller in der Konditorei vorkommenden Arbeiten, Weimar 1893
Von Giacomo Perini, Ph. Born

Hausgemachte Fruchtsäfte Liköre & Weine von Gertrude Kreipel, Norka Verlag,
ISBN 3-85050-063-2

Elisabeth Mayer, Wildfrüchte, -gemüse, -kräuter, ISBN 3-7020-0835-7

August Paul Dinand, Taschenbuch der Heilpflanzen, Neue Folge, J. F. Schreber Verlag Esslingen, 1926

Gerd Haerkötter, Heilkräuter gestern und heute, Fischer Verlag, 1983, ISBN 3-596-24082-4

Hanni Reichenvater, Hausmittel und Heilkräuter im Jahreslauf, Leopold Stöcker Verlag, 1998, ISBN 3-7020-0787-3
Elisabeth und Karl Hollerbach, Kraut & Unkraut zum Kochen und Heilen, Hugendubel Irisiana, 1983, ISBN 3-88034-144-3

Dr. Wighard Strehlow, Das Hildegard von Bingen Kochbuch, Heyne Verlag, 1996, ISBN 3-453-09381-x

Eve Marie Helm, Feld- Wald- und Wiesen-Kochbuch, Heyne Verlag, 2001, ISBN 3-453-40279-0

Anneliese und Dr. Gerhard Eckert, Heilpflanzen, Alte Rezepturen neu entdeckt, Bassermann, 2002, ISBN 3-8094-0854-9

Renzo Corcos, Das große Rezeptbuch der Heilkräuter für Gesundheit und Schönheit, Mosaik Verlag

Bezugsadressen

Hier nenne ich aufgrund zahlreicher Nachfragen noch empfehlenswerte Adressen, bei denen mir bisher eine zuverlässige und kompetente Lieferung vieler Kräuter und Gewürze in guter, teils sogar in Apothekerqualität geliefert wurde. Da es bei der Vielzahl der Versandhändler eine schwierige Wahl ist, möchte ich meinen Lesern diese nicht vorenthalten. Eine Garantie für gleichbleibende Qualität kann ich aber nicht übernehmen!

Dragonspice Naturwaren
Versand
Inh. Christian Recke
M. A. Ethnologe
Hechinger Str. 203
Gebäude II/III
72072 Tübingen
Tel: 07071 – 568 9879
www.dragonspice.de

Firma MagicHerbs
Inh. Ulrich Wähling
Hellhörn 17
25479 Ellerau
info@magicherbs.de
www.magicherbs.de

Herr Wähling betreibt zudem eine sehr informative Kräuter – Webseite:
www.feenkraut.de

Madavanilla
Inh. Christian Terno
St. – Nikolaus – Str. 15
85051 Ingolstadt
Tel: 08450 – 929 6107
madavanilla@web.de
www.madavanilla.de

weiterhin erhältlich im
Compbook Verlag

Elisabeth Engler
Kräuter- und Gewürzsalze
95 leckere Salzmischungen,
höllisch scharf bis himmlisch würzig
2009 9,95 EUR
ISBN 978-3-934473-05-8

Elisabeth Engler
Kräuterweine und Elixiere
110 Rezepte nach Hildegard von Bingen, Ayurveda
und aus der Naturheilkunde
2009 10,95 EUR
ISBN 978-3-934473-03-4

Elisabeth Engler
Das neue Sirup-Kochbuch
Sirup aus Früchten, Blüten, Kräutern und Gewürzen für Kaffee, Tee, Cocktails, Desserts, zum Würzen
Kräuter-Honig-Zubereitungen für die Gesundheit
200 erlesene Rezepte
2008 13,90 EUR
ISBN 978-3-934473-02-7

Karl-Heinz Engler
Mein Energie – Tagebuch
Tipps und Tricks zum optimierten Energie-Management im Haus
2009 9,95 €
ISBN 978-3-934473-07-2

David Woods
Elisabeth Engler
Go InSide
Das David – WOODS – Hypnose – Programm
In 3 Schritten Abnehmen, Nichtrauchen und Selbstbewusster werden
2008 12,99 EUR
ISBN 978-3-934473-88-1

Elisabeth Engler
Dominika Lochbihler
Chihuahuas für Anfänger
Starthilfe für Anschaffung, Haltung, Erziehung und Pflege
2009 8,95 EUR
ISBN 978-3-934473-04-1

Raum für eigene Notizen